MANUAL DE PROEXIS

Asociația Internațională EDITARES

Coordonare Generală	Lane Galdino Rosane Amadori
Consiliul Editorial	Carolina Ellwanger Cristina Ellwanger Denise Paro Eliana Manfroi Liege Trentin Meracilde Daroit Milena Mascarenhas Miriam Kunz Oswaldo Vernet
Echipa Tehnică	Beatriz Helena Cestari Carlos Moreno Daniel Ronque Ercília Monção Flávio Camargo Guilherme Kunz Ila Rezende Israel Krindges Liliane Sakakima Liliane Roriz Luciano Melo Luís Ignacio Lopez Magda Stapf Sónia Luginger Sônia Ribeiro Telma Crespo

Toate drepturile rezervate de Asociația Internațională EDITARES.
Reproducerea integrală sau parțială a acestei lucrări, prin orice mijloace și sub orice formă, fără permisiunea scrisă a autorului și a Asociației Internaționale EDITARES, este strict interzisă.
Încălcarea drepturilor de autor este o infracțiune, prevăzută de legislația curentă și se pedepsește civil, în conformitate cu legile în vigoare.

WALDO VIEIRA

MANUAL DE PROEXIS

(PROGRAMUL EXISTENȚIAL)

TRADUCERE:
ADINA OPREA

FOZ DO IGUAÇU, PR – Brasil
2021

Copyright © 2021 – Asociația Internațională Editares
Manual de Proexis: Programul Existențial
Titlul original în portugheză: *Manual da Proéxis: Programação Existencial*
Copyright © 1997 – Asociația Internațională Editares

Istorie Editorială

Portugheză	1ª. ediție:	1997	2.000 de copii
	2ª. ediție:	1998	2.000 de copii
	3ª. ediție:	2003	1.000 de copii
	4ª. ediție:	2005	1.500 de copii
	5ª. ediție:	2011	1.000 de copii
	5ª. ediție:	2011	Ebook
	6ª. ediție:	2017	1.000 de copii
Spaniolă	1ª. ediție:	2000	1.000 de copii
Engleză	1ª. ediție:	1997	2.000 de copii
	2ª. ediție:	2017	Ebook
Română	1ª. ediție:	2021	PoD (tipărire la cerere)

Drepturile de autor la această ediție au fost transferate de autor la Editares.

Opiniile, conținutul, gramatica și revizuirile grafice ale acestei lucrări au fost efectuate exclusiv de voluntari ai Conștientologiei.

Traducere: Adina Oprea
Revizuire text: Mihaela Negurița
Tehnoredactare: Felicia Iuliana Drăgușin
Corectură finală: Ionica Șandor
Copertă: Débora Klippel, Luciano Melo

Descriere CIP

V658m   Vieira, Waldo, 1932-2015
        Manual de proexis : programul existențial / Waldo Vieira; traducere de Adina Oprea. – Foz do Iguaçu, PR: Editares, 2021.

        176 p.
        Carte disponibilă pentru publicare în sistemul PoD (Print on Demand)

        Titlul original: Manual da proéxis
        Include Bibliografie
        Include Glosar
        Include Index

        ISBN: 978-65-86544-53-4

        1. Conștientologie 2. Proiectologie I. Oprea, Adina II. Titlul

                                                    CDU 133.3

Beatriz Helena P. de S. Cestari - CRB-10/1708

Asociația Internațională Editares
Av. Felipe Wandscheer, nr 6.200, sala 100 D – Cognópolis
Foz do Iguaçu, PR – Brazilia – CEP: 85856-850
Tel/Fax: +55 45 99133-2818
E-mail: editares@editares.org – *Website*: www.editares.org.br

CUPRINS

Către cititori:...7
1. Proexis (programul existențial) 9
2. Categorii de programe existențiale 12
3. Miniproexisul (miniprogramul existențial) 14
4. Maxiproexisul (maxiprogramul existențial)..........................17
5. Legile raționale ale programului existențial 20
6. Testul proexisului..22
7. Identificarea programului existențial personal.....................25
8. Formula trăsăturilor personale 27
9. Formula recompensării personale 29
10. Caracteristicile sarcinii de consolare – Tacon 31
11. Caracteristicile sarcinii de clarificare – Tares 33
12. Instrumente de executare a programului existențial 35
13. Macrosomatica..45
14. Programul existențial și geografia.......................................48
15. Tehnica de executare a programului existențial................51
16. Tehnica „nu încă" 55
17. Antiproexis...57
18. Proxisul și ectopia conștiențială 67
19. Disidențele ideologice 71
20. Proexisul și minidisidențele 76
21. Tripla înzestare conștiențială 79
22. Intelectualitatea în programul existențial...........................81
23. Mentalsomatica...86
24. Parapsihismul în Proexis..88
25. Energiile conștiențiale 90
26. Comunicabilitatea în Proexis...93
27. Proiectabilitatea comunicativă 95
28. Programul existențial și timpul..97

29. Realizări pe termen scurt 102
30. Realizări pe termen mediu 103
31. Realizări pe termen lung 104
32. Complexis 105
33. Incomplexis 109
34. Multicomplexis 114
35. Morexis 116
36. Minimorexis 117
37. Maximorexis 118
38. Precerințe evolutive 120
39. Minimum și maximum 122
40. Desperticitate (eliberare totală și permanentă de intruziuni) 125

Referințe bibliografice 127
Glosar de conștientologie 129
Index 152

CĂTRE CITITORI:

Conștientologia. Conștientologia scoate în evidență, cu totală rațiune și logică, două concepte prioritare pentru noi toți:

1. **Subiect:** Conștiința voastră multidimensională, când este lucidă, este primul și cel mai important subiect de studiu, pe care voi trebuie să îl cercetați atât teoretic, cât și practic.

2. **Obiectiv:** Realizarea comprehensivă a programului vieții voastre umane este primul și cel mai important obiectiv pe care voi trebuie să îl îndepliniți, teoretic și practic.

Autorul

1. PROEXIS (PROGRAMUL EXISTENȚIAL)

Definiție. Programul existențial personal (proexis) reprezintă programarea specifică fiecărei conștiințe intrafizice (conscin), în noua sa viață din această dimensiune umană, planificare realizată înainte de renașterea somatică (resomare) a conștiinței, în timp ce aceasta se află încă în extrafizic (consciex).

Sinonimie. Următoarele 9 expresii sunt folosite pentru a caracteriza executarea programului existențial:
1. *Mandatul preintrafizic.*
2. *Scopul existențial*
3. *Misiunea terestră*
4. *Obiectivul intrafizic*
5. *Orientarea existențială*
6. *Planificarea existențială*
7. *Proiectul vieții*
8. *Proiectul existențial*
9. *Sarcina intrafizică*

Programul existențial este obiectul de studiu al proexologiei, o subramură a conștientologiei

Subramuri. Proexologia studiază, printre altele, următoarele 17 subramuri: binomul abnegație-morexis, absenteismul conștiențial, ectopia conștiențială, gestația conștiențială, completismul existențial (complexis), incompletismul existențial (incomplexis), maximoratoriul existențial (maximorexis), maxiprogramul existențial (maxiproexis), minimoratoriul existențial (minimorexis), miniprogramul existențial (miniproexis), moratoriul existențial (morexis), multicompletismul existențial (multicomplexis), programul existențial (proexis), mandatul preintrafizic, teopractica (teorie+practică), trinomul motivație-efort-perseverență, trinomul proexis-complexis-morexis.

Programul existențial conștient este încă o stare atinsă de foarte puține ființe umane.

Destin. Destinul de bază – obiectivele fundamentale ale vieții conștiinței intrafizice – este deja scris în originile biologice, genetice și paragenetice, care cuprind în acest context perioada intermisivă, ideile înnăscute și programul existențial. Detaliile vieții umane se schimbă fără doar și poate în permanență.

Determinism. Determinismul vieții noastre este de bază, dar relativ.

Libertate. Libertatea noastră condiționată de manifestarea conștiențială este întotdeauna mult mai amplă decât ne imaginăm noi.

Variație. Ne naștem știind multe lucruri – paragenetică și idei ereditare – dar natura cunoștințelor noastre, a experiențelor și a nivelului calității evoluției diferă foarte mult în cadrul manifestărilor și programului nostru existențial.

Evoluțiologie. Pornind de la condiția evolutivă de preserenissimus, care astăzi este comună tuturor conștiințelor intrafizice care respiră pe Pământ, până la condiția de evoluțiolog sau de orientator evolutiv, noi ne vom îndrepta spre cucerirea desperticității (eliberare totală și permanentă de orice intruziune) și vom obține un nivel clar de versatilitate și polivalență privind atributele și talentele noastre conștiențiale.

Contract. Fără îndoială, nimeni nu sosește în viața intrafizică având în mână un plic care să conțină detaliile contractului ce urmează a fi îndeplinit în viața curentă.

Ordin. Nimeni nu primește, după câteva decenii de viață intrafizică, un ordin scris, specific, referitor la ceea ce a venit să facă aici.

Cea mai mare genialitate manifestată în cadrul programului existențial este știința angajării simultane în viața intrafizică a diferitelor atribute conștiențiale.

Megafraternitate. Cu cât un program existențial este mai avansat și mai evoluat, cu atât mai mare este procentul de megafraternitate experimentată și inclusă în planificarea și în clauzele stabilite în timpul perioadei intermisive.

Obiectiv. Indiferent de programul existențial, obiectivul va fi întotdeauna dobândirea desperticității (starea de eliberare totală și permanentă de orice intruziune), dacă persoana respectivă nu este încă o ființă care atins deja această stare.

Desperticitate (eliberarea totală și permanentă de orice intruziune). În acest moment este important de reținut că desperticitatea poate fi obținută numai în timpul vieții umane.

Istorie. Este inteligent să profităm de perioada de accelerare a istoriei în care trăim și de faptul că civilizația modernă oferă multiple posibilități evolutive personalității umane, lucru fără precedent în trecut.

2. CATEGORII DE PROGRAME EXISTENȚIALE

REALIZAREA PROGRAMULUI EXISTENȚIAL REPREZINTĂ REZULTATUL TEORETIC ȘI PRACTIC AL PRIORITIZĂRILOR CONȘTIINȚEI UMANE.

Categorii. Există diferite categorii de programări existențiale, în funcție de natura, de scopul și de calitățile determinate de realizările gânsenice ale conștiinței intrafizice, ca de exemplu, următoarele 6 pe care le vom prezenta în continuare:

1. Holokarmalitate. Din punctul de vedere al holokarmei, există 3 categorii de programe existențiale:

A. Egokarmic. Programul existențial exclusiv personal, influențat de ego, de egoul exacerbat, de „creierul abdominal", de egocentrismul infantil și de consecințele lor.

B. Grupkarmic. Programul existențial de grup, restrâns la karma de grup a familiei primare, secundare sau a altor familii și grupări evolutive.

C. Polikarmic. Programul existențial polikarmic, cel mai evoluat, al muncii solidare neremunerate, care are ca scop atingerea megafraternității. Este întotdeauna un maxiprogram existențial.

2. Intermisivitate. În funcție de ciclul intermisiv, există 2 categorii de programe existențiale:

A. Tehnic. Cu reamintirea cursului intermisiv și aplicarea lui în acțiunile unei persoane.

B. Instinctiv. Fără un ciclu intermisiv, dezvoltat în cea mai recentă perioadă intermisivă a unei persoane.

3. Evolutivitate. În funcție de nivelul evolutiv al unei persoane, atât pentru femei, cât și pentru bărbați, există 4 categorii de programe existențiale:

A. Vulgar. Programul existențial al preserenissimului vulgar sau al lui Homo Sapiens.

B. Treaz. Programul evolutiv al acelui preserenissimus care a reușit să atingă starea de desperticitate (eliberat total și permanent de orice intruziune).

C. Evoluționist. Programul existențial al unui evoluțiolog sau orientator evolutiv.

D. Seren. Programul existențial al unui seren sau cel al lui Homo Sapiens Serenissimus.

4. Universalitate. În funcție de universul amplitudinii manifestărilor conștiinței intrafizice, există două categorii de programe existențiale:

A. Individual. Conștiința intrafizică este considerată individual, din perspectiva categoriei de egokarmă.

B. Grupal. Conștiința intrafizică este considerată ca fiind parte a unui grup, din perspectiva categoriilor de grupkarmă și polikarmă.

5. Autenticitate. În funcție de autenticitatea execuției, există 2 categorii de programe existențiale:

A. Secret. Programul existențial dus la îndeplinire diplomatic, în secret sau disimulat.

B. Explicit. Programul existențial dus la îndeplinire explicit, deschis.

ÎN FUNCȚIE DE SCOPUL EVOLUTIV, EXISTĂ 2 CATEGORII DE BAZĂ ALE PROGRAMULUI EXISTENȚIAL: MINIPROGRAM EXISTENȚIAL ȘI MAXIPROGRAM EXISTENȚIAL.

3. MINIPROEXISUL
(MINIPROGRAMUL EXISTENȚIAL)

Definiție. *Miniproexisul* (*mini+pro+exis*) este programul existențial minim, redus, elementar, cu amănuntul. El este receptiv prin natura sa, orientat spre câștigul personal și dedicat elementelor individuale specifice (egokarmice) din cadrul grupului karmic al unei persoane. Este în mod evident, o sarcină evolutivă inferioară, neînsemnată.

Sinonimie. Următoarele 7 expresii ilustrează diferite tipuri ale miniprogramului existențial:
   A. Proexis egokarmic.
   B. Proexis elementar.
   C. Proexis infantil.
   D. Proexis minim.
   E. Proexis receptor.
   F. Proexis restrâns.
   G. Proexis cu amănuntul.

Priorități: În experimentarea miniproexisului, cel mai frecvent, intenționalitatea și efortul personal conduc persoana deja matură fizic la implantarea graduală, fără schimbări traumatice și fără violuri evolutive, a sarcinilor prioritare.

Persoanelor care nu sunt conștiente de programul lor existențial, li s-a desemnat evident numai un miniprogram existențial egokarmic.

Competitivitate. În încercarea de a evolua, merită să intri în competiție cu tine însuți (însăți), obținând astfel o eficiență mai mare în executarea programului existențial și idei mai bune, zi de zi.

Colecții. Fiecare dintre noi are o sarcină de îndeplinit pe această planetă. Nimeni nu vine în această dimensiune doar pentru a colecționa cravate și mașini vechi și nici pentru a se juca tot timpul.

Copii. În general, copiii încă trăiesc în perioada de început a fazei pregătitoare a programului existențial. Majoritatea completismelor existențiale[1] devin efective în faza de execuție sau de exemplificare a programului existențial.

Există un miniprogram existențial legat de timpul vieții intrafizice (lifetime), specific copiilor.

Apariție. Nicio conștiință nu moare. Părinții sau gardienii unui copil care trece printr-o desomare (moarte biologică) la o vârstă fragedă, dacă nu se fac vinovați de a fi cauzat această desomare, sunt martorii unor apariții ale conștiinței extrafizice a copilului.

Desomare. Conform cercetărilor, apariția are loc în primele 12 luni după prima desomare a copilului, până când, aflat în starea de conștiință extrafizică, el trece prin cea de a doua desomare.

Euforex (euforie extrafizică). Acest fapt evidențiază faptul că din *punctul de vedere al timpului*, specific copilului, *miniproexisul* a fost îndeplinit, iar el, devenit acum conștiință extrafizică, se bucură de euforia extrafizică (euforex) și dorește să își consoleze și să-și aline foștii părinți sau tutori, împărțind cu ei starea lui bună și bucuria.

Absenteism Absenteismul conștiențial reprezintă indiferența, neglijența, distanțarea sau poziția de neutralitate a unei conștiințe intrafizice față de maturitatea integrală (holomaturitatea) și de evoluția autoconștientă.

Proexologie. Absenteismul conștiențial afectează direct îndeplinirea programului existențial al conștiinței intrafizice, el fiind, din acest motiv, studiat de proexologie.

Grupalitate. Ca urmare a mimetismului conștiențial, absenteismul conștiențial poate să își extindă influența paralizantă asupra întregului grup social, anulând întreaga muncă a echipei și chiar programul existențial de grup.

Automimetism. Automimetismul este un inconvenient determinat de autodezorganizarea și de absența continuismului evolutiv și reprezintă cauza

---

[1] Îndeplinirea programului existențial; n.tr

majoră, generatoare de incomplexis personal și, ca efect secundar, chiar de incomplexis al grupului (mimetism de grup).

Până la un anumit punct, absenteismul conștiențial reprezintă un tip de murism[2] în societatea intrafizică încă patologică.

---
[2] Murismul – tendința, practica, politica sau comportamentul conștiinței (intrafizice sau extrafizice), care își ghidează conduita personală prin lipsa de poziționare, de identificare explicită a propriei opinii și prin absența auto-angajamentului, ceea ce generează stagnare evolutivă și omisiuni deficitare, care aduc prejudicii auto și heteroasistenței conștiențiale; n.tr.

4. MAXIPROEXISUL (MAXIPROGRAMUL EXISTENȚIAL)

Definiție. *Maxiproexisul* (*maxi+pro+exis*) este programul existențial maxim, „en gros" (abordat atotcuprinzător, atacadist), major, avansat, durabil, dedicat în mod conștient binelui colectiv.

Sinonimie. Aceste 7 expresii indică tipurile de maxiproexis:
A. *Megaproexis.*
B. *Proexis atotcuprinzător.*
C. *Proexis avansat.*
D. *Proexis durabil.*
E. *Proexis în sens amplu.*
F. *Proexis major.*
G. *Proexis polikarmic.*

Lidership. Maxiproexisul este propriu *conștiinței intrafizice – lider evolutiv*, care manifestă o sarcină libertariană[3], specifică unei karme de grup, universaliste și maxifraterne.

Minipiesă. Prin sarcina asistențială, solidară pe care o manifestă, conștiința intrafizică devine o minipiesă[4] umană, lucidă, care acționează în cadrul maximecanismului echipei multidimensionale.

MAXIPROEXISUL ESTE UN DESTIN INTRAFIZIC ALTERNATIV, DIFERIT DE EXISTENȚA CONȘTIINȚEI INTRAFIZICE VULGARE, CARE APARȚINE MASEI INEPTE.

Polikarmalitate. Polikarma trece dincolo de egokarmalitate și de karmalitatea de grup, intră inevitabil în execuția maxiprogramului existențial și se caracterizează prin realizarea sarcinilor de clarificare (tares).

---

[3] Libertarian – care caută să își amplifice autonomia, libertatea de a alege și asocierea voluntară; n.tr.

[4] Minicog; n.tr.

Adevăruri. Strict vorbind, sarcina de clarificare presupune experimentarea adevărurilor relative de vârf, în favoarea umanității și a paraumanității.

Grupalitate. Grupalitatea se referă la starea de evoluție a grupului sau la calitatea grupului evolutiv (karmă de grup) al conștiinței (conscin sau consciex).

Grupal. Maxiproexisul direcționează individul spre proexisuri de grup sau spre programe existențiale executate de mai multe conștiințe intrafizice, între care s-au stabilit legături conștiențiale cosmoetice.

Numai cei care nu mai cer nimic pentru ei înșiși sunt desemnați să execute maxiprograme existențiale (în sensul amplu).

Iubirea sexuală. La fel cum exercitarea sexualității mature nu este bolnăvicioasă, dureroasă, dezagreabilă, păcătoasă, interzisă, sordidă sau murdară, nici experimentarea iubirii romantice nu este absurdă, anormală, dezastruoasă, fantastică, nebunească, obsesivă sau prostească.

Iubirea. Iubirea pură, romantică presupune acțiune, certitudine, deplinătate, complicitate sănătoasă, paradis, plăcere, generozitate, bogăție, tandrețe și înnobilarea maxiprogramului existențial.

Codul. *Codul Personal Cosmoetic* este o creație relevantă pentru evoluția intrafizică a conștiinței și pentru pregătirea executării unui program existențial extins.

Profilaxie. Acest cod funcționează ca profilaxie evolutivă, vaccinând individul împotriva obstinației sau insistenței în repetarea acelorași vechi erori, aduse din trecut.

Incoruptibilitate. Când o conștiință intrafizică își identifică patogânsenele (gânsenele patologice), *micile păcate mentale* și autocorupția, ea este de fapt în căutarea posibilei experimentări a incoruptibilității personale.

Examene. La cursurile intermisive avansate, se organizează selecții evolutive de lucru, sub forma unor *concursuri de admitere*, administrate de evoluțiologi.

Consciex. Aceste examene de admitere au fost create pentru a face o selecție a conștiințelor extrafizice apte pentru a putea experimenta programe existențiale specifice, pe Pământ.

Candidați. Zeci de conștiințe extrafizice candidează la aceste concursuri, acceptând situația de a deveni în viitor minipiese, incluse în maximecanismul asistenței interconștiențiale.

Exigențe. Anumite maxiprograme existențiale pot necesita o macrosomă, maxidisidențe ideologice, tripla înzestrare conștiențială, starea de epicentru conștiențial, multicomplexis, maximorexis sau chiar desperticitate[5].

Sumo. De exemplu, un practicant tradițional de sumo (*sumotori* – luptător japonez tradițional de sumo, o ocupație ancestrală) are nevoie de secole de *reciclare multiexistențială,* prin autorelee continue, pentru a se elibera de miniproexisuri și a obține un maxiproexis.

HELPERII AJUTĂ DIN STAREA LOR DE EMISARI AI ORIENTATORILOR EVOLUTIVI, ÎN MAXIPROEXISURILE UNIVERSALISTE.

Megaproexis. Nu de puține ori, detaliile unui program existențial sunt complexe: o conștiință intrafizică poate trăi o viață intrafizică în afara oricărei religii, fără să citească tone de volume despre misticism și, cu toate acestea, să își îndeplinească un megaprogram existențial.

Evoluție. Cu cât o conștiință intrafizică este mai evoluată, cu atât mai mare este capacitatea sa de a realiza un program existențial. Așadar, programul ei existențial va deveni din ce în ce mai sofisticat și mai dificil de îndeplinit decât programul existențial al unei conștiințe intrafizice vulgare.

---

[5] Eliberarea totală și permanentă de orice intruziune; n.tr.

5. LEGILE RAȚIONALE ALE PROGRAMULUI EXISTENȚIAL

PROGRAMUL EXISTENȚIAL ESTE REALIZAT ÎN FIECARE MINUT AL EXISTENȚEI UNEI PERSOANE, CA REZULTAT AL MICILOR LUCRURI MARI.

Principii. Premisele sau principiile esențiale ale programelor de viață ale unei conștiințe lucide de pe Pământ sunt supuse directivelor juste și logice, care pot fi caracterizate ca fiind legile raționale ale programului existențial, ca de exemplu, următoarele 14, enumerate în ordine alfabetică:

1. Adaptabilitatea. Programul existențial este adaptabil și poate fi modificat, fiind supus renovărilor sau amplificărilor, în funcție de complexitatea dezvoltării sale și de amplitudinea universului conștiențial sau intrafizic care conține sarcinile sale. Evoluția semnifică mutabilitate și renovare.

2. Asistențialitatea. Executorul unui program existențial este prima conștiință care este asistată sau care beneficiază de acest program. Orice program existențial care provine de la un evoluțiolog constituie o remarcabilă responsabilitate evolutivă.

3. Compatibilitatea. Orice program existențial este compatibil cu temperamentul conștiinței respective și corespunde nivelului evolutiv al bagajului ei multimilenar de experiențe.

4. Conștiențialitatea. Nivelul de conștiențialitate, contul holokarmic sau fișa evolutivă a conștiinței extrafizice determină gradul de luciditate privind direcțiile programului existențial al conștiinței aflate în starea de conștiință intrafizică.

5. Cosmoeticitate. Fiecare program existențial este fundamental cosmoetic în premisele și scopurile sale. Orientările venite de la un evoluțiolog sunt în mod esențial cosmoetice.

6. Egokarmalitate. Chiar dacă este bazat pe polikarmă, fiecare program existențial urmărește, în primul rând, egokarma conștiinței.

7. Evolutivitate. Programul existențial depinde de nivelul evolutiv sau de meritul personal al conștiinței extrafizice. Evident, nu toate conștiințele primesc un program existențial minuțios planificat anterior.

8. Exclusivitate. Fiecare program existențial este unic, singular, personalizat și exclusiv pentru o anumită conștiință.

> **NU EXISTĂ DOUĂ CONȘTIINȚE CARE SĂ PRIMEASCĂ DOUĂ PROGRAME EXISTENȚIALE IDENTICE, NICI MĂCAR GEMENII SIAMEZI.**

9. Fezabilitate. Orice program existențial este plenar fezabil și realizabil, între anumite limite, în contextul evolutiv și la nivelul de competență al conștiinței respective. Executarea unui program existențial poate fi complexă și problematică, dar niciodată nerealizabilă. În mod evident, planificarea unui program existențial nu conține clauze nedrepte sau nejustificate.

10. Grupkarmalitate. Orice program existențial beneficiază de orientare directă sau indirectă din partea evoluțiologului sau a orientatorului evolutiv al grupului karmic. Fiecare grup evolutiv are sute de evoluțiologi.

11. Interactivitate. Programele existențiale nu sunt mutual-exclusive. Pentru a fi îndeplinit, niciun program existențial nu necesită eliminarea altuia.

12. Intercooperativitate. Programele existențiale, oricât ar fi de personale, sunt paradoxal interdependente până la un anumit punct și nu se află în competiție unele cu celelalte. Dimpotrivă, ele sunt intercooperante.

13. Netransferabilitate. Orice program existențial este personal și netransferabil, fiind specific pentru o anumită conștiință. Orice substituire de sarcini pe scalele evolutive ale conștiințelor aderă la acest principiu.

14. Unicitatea. Programele existențiale sunt unice în esența structurii lor. Două programe existențiale pot fi similare, dar niciodată identice în privința scopului și a obiectivelor lor. Nu există două conștiințe identice.

> **ORICE PROGRAM EXISTENȚIAL SE REFERĂ ÎN PRIMUL RÂND LA EVOLUȚIA PROPRIE A CONȘTIINȚEI INTRAFIZICE, CHIAR DACĂ ACȚIONEAZĂ ÎN INTERIORUL GRUPULUI KARMIC.**

6. TESTUL PROEXISULUI

ORICE PROGRAM EXISTENȚIAL NECESTĂ CULTIVAREA LUI ZILNICĂ, DEOARECE ESTE UN FAPT NATURAL CĂ NU ORICE SĂMÂNȚĂ GERMINEAZĂ.

Test. Capitolul 549 al cărții *„700 de Experimente de Conștientologie"* se referă la testul programului existențial, care este reprodus aici, în linii generale, cu scopul de a clarifica mai bine subiectul.

Contraste. Următoarele 30 de contraste sunt prezentate în așa fel încât să vă permită să identificați diferențele dintre un program existențial avansat (primul rând) și un program existențial elementar (al doilea rând):

1. Recuperare amplă a unităților personale de luciditate (con).
    Recuperare redusă a unităților personale de luciditate.

2. Valorificare înaltă a timpului uman.
    Valorificare redusă a timpului uman.

3. Abordare conștiențială atotcuprinzătoare și lucidă (atacadistă).
    Abordare conștiențială mediocră, detaliată (varejistă).

4. Numai automimetism necesar.
    Automimetism dispensabil.

5. Conștiențialitate cosmică.
    Conștiențialitate troposferică.

6. Conștiențialitate cosmoetică.
    Conștiențialitate anticosmoetică.

7. Utilizarea de către conștiința intrafizică a creierului *encefalic*.
    Utilizarea de către conștiința intrafizică a *pseudocreierului abdominal*.

8. Conștiință intrafizică, parte a unui duo evolutiv activ.
    Conștiință intrafizică lipsită de un duo evolutiv

9. Conștiință intrafizică deja universalistă⁶ și lucidă.
   Conștiință intrafizică încă vulgară și sectară.

10. Conștiință intrafizică absolventă a unui curs intermisiv avansat.
    Conștiință intrafizică absolventă a unui curs evident primar.

11. Spirit nonconformist (neofil).
    Spirit mai conformist (neofob).

12. Flexibilitate holochakrală (energii conștiențiale; E.C.).
    Inflexibilitate holochakrală (energii conștiențiale; E.C.).

13. Mai multe interese multidimensionale.
    Mai multe interese intrafizice.

14. Investește mult în programul existențial propriu.
    Investește puțin în programul existențial propriu.

15. Eliberare de subsolul conștiențial.
    Adult prizonier al subsolului conștiențial.

16. Grad mai mare de libertate în interiorul grupului karmic.
    Interprizonierat marcant în grupul karmic.

17. Homeostază holosomatică mai mare.
    Homeostază holosomatică mai slabă.

18. Nivel ridicat de prioritizare lucidă.
    Nivel infim de prioritizare lucidă.

19. Obiective polikarmice conștiente.
    Obiective grupkarmice mediocre.

20. Gânsenitate încărcată cu -*gân* (gânduri)
    Gânsenitate încărcată cu -*sen*. (sentimente, emoții)

21. Deținător al unor retrocogniții sănătoase.
    Deținător al unor retrocogniții patologice.

22. Poziție de avangardă în grupul karmic.
    Poziție mediocră în grupul karmic.

---

⁶ Universalist, adept al universalismului; universalismul – orientare filosofică evolutivă, fundamentată pe utilizarea legilor universale pentru coordonarea dezvoltării conștiințelor, a interacțiunilor energetice și a integrării acestora în dinamica Universului; n.tr.

23. Predominanța trăsăturilor puternice (tra*for*) în comportamentul personal.
    Predominanța trăsăturilor slabe (tra*far*) în comportamentul personal.
24. Proiectabilitate autoconștientă (PL).
    Proiectabilitate încă inconștientă.

NU POȚI PRETINDE PERFORMANȚE AVANSATE DIN PARTEA CELOR CARE AU DE EXECUTAT UN PROGRAM EXISTENȚIAL PRIMAR.

25. Conștiință intrafizică, realizatoare a invexisului și a *maxi*proexisului.
    Conștiință intrafizică, realizatoare numai a recexisului.
26. Seducție holochakrală autocritică.
    Seducția sexochakrală fără autocritică.
27. Aderarea la paradigma conștiențială.
    Aderarea la paradigma convențională.
28. Izbucniri rare de imaturitate.
    Izbucniri frecvente de imaturitate.
29. Utilizează sarcinile lucide de clarificare.
    Utilizează sarcinile primare de consolare.
30. Tripla înzestrare conștiențială evidentă.
    Monoînzestrarea conștiențială vulgară.

Întrebare. Ești conștient(ă) de realitatea intrinsecă a programului tău existențial? Care este tipul exact al programului tău existențial?

EXECUȚIA CORECTĂ A PROGRAMULUI EXISTENȚIAL ESTE REZULTATUL TEOPRACTIC AL PRIORITĂȚILOR CONȘTIINȚEI INTRAFIZICE.

7. IDENTIFICAREA PROGRAMULUI EXISTENȚIAL PERSONAL

Întrebări. Urmează câteva întrebări oportune și extrem de potrivite, pe care fiecare persoană trebuie să și le pună:

1. **Autoconștientizarea.** Sunt conștient(ă) de programul meu existențial?
2. **Indicii.** Am primit deja vreun indiciu referitor la programul existențial al vieții mele?
3. **Supoziție.** Care este prezumtivul meu program asistențial?
4. **Pregătire.** Mă aflu pe calea programului meu existențial?
5. **Cronogramă**[7]. Sunt la zi cu cronograma programului meu existențial?

Asistențialitate. Cu cât cursul intermisiv este mai avansat, cu atât mare este gradul de asistență interconștiențială, realizată de conștiința extrafizică simultan cu pregătirea sa pentru următoarea viață umană intrafizică sau în timpul planificării programului ei existențial.

MILIOANE DE PERSOANE DIN TOATĂ LUMEA SIMT CĂ AU CEVA DE REALIZAT ÎN VIAȚA INTRAFIZICĂ.

Evoluțiolog. Niciun evoluțiolog sau programator existențial extrafizic nu recomandă un program existențial fără să aibă certitudinea că el poate fi complet dus la îndeplinire, conform calibrului evolutiv și potențialului conștiinței.

Limite. Întreaga planificare a programului existențial este propusă în mod obiectiv, în limitele adecvate și suportabile, stabilite de experiențele evolutive ale conștiinței extrafizice, candidate la resomare.

Justificări. Planificarea programului existențial nu permite justificări nepotrivite, scuze sau orice fel de autocorupție, privind îndeplinirea sa în viitorul apropiat.

Marginalitate. Pe de altă parte, niciun evoluțiolog nu planifică un program existențial, care este întotdeauna cosmoetic, pentru o conștiință

---

[7] Cronogramă-reprezentare grafică a variațiilor unui parametru în funcție de timp; n.tr.

care să devină în viața fizică traficant de droguri, ființă marginală sau antisocială, care să aparțină mafiilor din societatea intrafizică patologică sau care să ia viața altei persoane.

Crime. Nicio crimă și niciun asasinat al unei personalități eminente sau chiar al unei persoane oarecare nu au fost induse prin planificarea programului existențial al conștiinței intrafizice criminale.

Suicidul. Clauzele stabilite printr-un program existențial sau obstacolele și exigențele proprii executării sale, în sine, nu au fost niciodată planificate pentru a conduce pe cineva spre sinucidere – un apex al autodezorganizării intrafizice patologice.

NU PUTEM UITA CĂ FOAIA DE CALCUL A UNUI PROGRAM EXISTENȚIAL ESTE REALIZATĂ ÎN FUNCȚIE DE RESPIRAȚIA EVOLUTIVĂ A UNEI CONȘTIINȚE.

Melancolia intrafizică (melin). Cu toate acestea, melancolia intrafizică poate predispune în mod patologic conștiința intrafizică la autodistrugere – una dintre cele mai grave și esențiale eșecuri ale vieții, în intrafizicalitate.

Factorii. În timpul execuției unei sarcini *extrafizice* pozitive, în condițiile intrafizice ale programului existențial, în dimensiunea umană, există trei factori relevanți care influențează conștiința intrafizică, pe care îi vom prezenta în ordinea descrescătoare a importanței:

1. **Sănătatea.** Starea sănătății personale.
2. **Autodisciplina.** Obiceiurile constante de autodisciplină.
3. **Banii.** Banii necesari sau relativa siguranță financiară personală.

Conștiința intrafizică. Bazându-se pe acești factori, dar și pe alții, conștiința intrafizică ajunge într-o zi să dorească să știe ce a venit să facă în această lume și să caute să-și identifice programul existențial și direcția corectă a acestuia.

Tehnica. Cea mai bună tehnică de identificare a programului existențial personal este dezvoltată prin formule autocritice, logice, fundamentate pe echilibrul intrafizic sau pe autoevaluarea conștiențială.

PROGRAMUL EXISTENȚIAL POATE FI IDENTIFICAT FOLOSIND DOUĂ FORMULE: CEA A TRĂSĂTURILOR PERSONALE ȘI CEA A RECOMPENSĂRII PERSONALE.

8. FORMULA TRĂSĂTURILOR PERSONALE

Trăsături puternice. *Prima formulă:* pe o foaie de hârtie, pe două coloane, realizați o comparație între *trăsăturile puternice* (trafor) – atribute, virtuți, talente și abilități, pe coloana din stânga, și *trăsăturile slabe* (trafar) – defecte, obiceiuri proaste, vicii, pe coloana din dreapta.

Echilibru. Prin comparație, veți obține balanța potențialului manifestat până în prezent, în viața umană curentă.

Heterocritică. Când această comparație este dificil de realizat, cel mai bine este să oferiți o asemenea hârtie unei persoane apropiate, din cercul intim sau din cel al relațiilor sociale.

Cerere. Solicitarea trebuie să fie făcută cu toată sinceritatea pentru ca fiecare persoană să treacă pe hârtie, cu multă heterocritică, ceea ce gândește despre talentele noastre, dar și despre defecte, cu intenția de a ne îmbunătăți conduita evolutivă.

Calculatorul. Apoi, dacă este posibil, ar fi ideal să vă notați, într-un computer, elementele comune, aprecierile repetitive, subliniind procentele fațetelor celor mai evidente ale personalității voastre.

CELE MAI POTRIVITE PERSOANE CARE SĂ NE OFERE INFORMAȚII DESPRE AUTOCORUPȚIILE NOASTRE SUNT ACELEA PE CARE LE CONSIDERĂM PROBLEMATICE.

Explicit. Cei care au conflicte cu noi sau au pus întrebări referitoare la puncte noastre de vedere, la ideile, sentimentele și acțiunile noastre individuale sau de grup vor fi mai expliciți în heterocriticile lor.

Conștientogramă. Când cercetează cu mai mult interes, o persoană poate să folosească, pentru aplicarea acestei prime formule, resursele cele mai sofisticate ale conștientogramei.

Conștientometrie. Conștientograma este o schiță tehnică a mijloacelor avansate de evaluare a nivelului evolutiv al conștiinței; conștientograma reprezintă fundamentul conștientometriei.

Autocunoaștere. Cunoscându-ne mai bine pe noi înșine, ne putem dinamiza cuceririle evolutive, aflând unde trebuie să lucrăm cu noi și cu atributele noastre.

Cicatrici. Experiențele personale creează la început escare și apoi cicatrici în microuniversul nostru conștiențial.

Paragenetică. Aceste cicatrici formează încetul cu încetul, în timpul mai multor milenii, paragenetica noastră personală.

O CONȘTIINȚĂ FOARTE EXPERIMENTATĂ ȘI EVOLUATĂ DEȚINE ÎN HOLOSOMA SA MULTE PARACICATRICI.

9. FORMULA RECOMPENSĂRII PERSONALE

Întrebarea-cheie. În fiecare zonă de manifestare a programului nostru existențial există câte o întrebare-cheie, pe care executorul programului trebuie să o descopere, să o identifice și la care trebuie să răspundă.

Echilibrul net. Întrebarea-cheie referitoare la echilibrul programului existențial este: „ Am oferit pe măsura a ceea ce am primit la școala de pe Terra?"

Ofertă. Astfel se naște *cea de-a doua formulă*: cu suficientă autocritică, faceți o comparație între ceea ce ați primit în intrafizic sau între tot ceea ce deja ați primit bun în viața umană și ceea ce ați oferit.

Reciprocitate. Oferta personală se referă la tot ceea ce în mod direct și personal ați oferit deja în schimb, pentru a îmbunătăți realitățile Cosmosului și ale locuitorilor săi.

Soldul net dintre ceea ce ați primit și ceea ce ați oferit în timpul vieții vă asigură direcțiile necesare pentru executarea programului existențial.

Obligații. Pornind de la direcțiile inițiale, vă puteți perfecționa programul existențial, în funcție de 3 categorii de drepturi și obligații evolutive personale:

1. **Realizări.** Obligațiile deja îndeplinite.
2. **Omisiuni.** Obligațiile care au fost omise, uitate, neidentificate, amânate, trase pe dreapta drumului vieții.
3. *Pending.* Acele obligații aflate în așteptare, care urmează să fie îndeplinite în viitor.

Reciclare. Executarea oricărui tip de program existențial necesită periodic și continuu reciclări ale detaliilor sale.

Sarcini. În această fază a autoevaluării existențiale, trebuie avute în vedere două sarcini asistențiale de bază:

A. Sarcinile de consolare (*tacon*). Sarcini asistenţiale, primare, de consolare, personale sau de grup.

B. Sarcini de clarificare (*tares*). Sarcini asistenţiale de clarificare, mai evoluate, personale sau de grup.

Grupkarmalitate. În grupkarmalitate, conştiinţa oferă, executând o sarcină de consolare, şi aşteaptă să primească ceva în schimb.

Polikarmalitate. În polikarmalitate, conştiinţa oferă, executând o sarcină de clarificare, fără a spera să primească ceva în schimb.

Înţelepciune. Înţelepciunea dată de solidaritatea conştientă este deja o recompensă firească.

Binom. În binomul *impuls-calcul,* sarcina de consolare se bazează mai mult pe impuls (subcreierul abdominal, cardiochakra, psihosoma), iar sarcina de clarificare se bazează mai mult pe calcul (mentalsoma).

CARE DINTRE CELE DOUĂ SARCINI ASISTENŢIALE DE BAZĂ PREDOMINĂ ÎN PROGRAMUL VOSTRU EXISTENŢIAL: SARCINA DE CONSOLARE SAU SARCINA DE CLARIFICARE?

10. CARACTERISTICILE SARCINII DE CONSOLARE – TACON

ESTE DE PREFERAT CA CINEVA SĂ EXECUTE SARCINI DE CONSOLARE DECÂT SĂ NU EXECUTE NICIUN FEL DE SARCINĂ FRATERNĂ.

Caracteristici. Serviciul de ajutor fratern de consolare, oferit de către o conștiință altei conștiințe, prezintă cel puțin 20 de caracteristici:

01. **Mediere.** Este flexibil, oferă îndulcitori și *mediază* cu toată lumea (activitate simplă).

02. *Da.* În toate circumstanțele, spune întotdeauna mai mult „Da" decât „Nu".

03. **Dependențe.** Îi deservește pe cei care au încă permanent nevoie să ceară multe pentru ei înșiși.

04. **Ipocrizii.** Folosește, în relația cu participanții afundați în cele mai diverse tipuri de lipsă de sinceritate și ipocrizii, *pături calde*, sentimentalism extrem, parabole infantile și eufemisme.

05. **Facil.** Presupune o înțelegere facilă, o executare agreabilă și o desfășurare drăguță, cu rezultate palpabile, imediate și aducătoare de beneficii, în viața umană.

06. **Cuantificare.** Se bazează pe pasivitatea oamenilor, ascultă opinia publică și acordă prioritate volumului și cantității serviciilor de prozelitism și cateheză.

07. **Emotivitate.** Utilizează invariabil dorințele, anxietățile și capacitatea de a simți a ființelor sau corpurile lor emoționale animalizate (*subcreierele abdominale*).

08. **Imaturități.** Se dedică formei lucrurilor și aparențelor ființelor, utilizând paliative și urgențe conștiențiale, și nu este selectiv în alegerea unor mijloace necesare pentru atingerea scopurilor.

09. **Absolutism.** Monopolizează adevărul și etichetele, exaltând misticismul.

10. Demagogii. Apelează la demagogii religioase și politice, cu scopul de a menține conștiințele intrafizice anesteziate, la nivelul infantilismului conștiențial și al proto-cunoașterii pre-maternale.

11. Seriexis. Deși promovează teoria serialității existențiale, exacerbează conștiința extrafizică în detrimentul omului – conștiință intrafizică, dar și ființă multidimensională.

12. Inoculări. Urmărește implantarea ideii de *sanctitate* și salvaționism, vorbind despre austeritate, puritanism, convenții morale și *spălări subcerebrale durabile*.

13. Iluzie. Sugerează o reformă intimă, dar menține sclavia și promovează iluzia că într-o singură serie existențială poate fi desăvârșită autoevoluția.

14. *Cârje*. Utilizează toate *cârjele psihologice* pe care le are la îndemână, fără să le explice, fără să le combată și fără să ofere mijloace prin care indivizii se pot elibera de ele.

15. Manipulare. Repetă formule învechite, pe un ton sacramental, manipulând și menținând masele umane sub dependențe psihologice inconștiente

16. Inhibiții. Menține indivizii la nivel de ascultători inhibați, care nu își exprimă ideile de teama de a cădea în dizgrație și care sunt incapabili să întreprindă o cercetare liberă, susținută.

17. Ortodoxie. Scoate în evidență sectarismul segregaționist și parohial, bazându-și acțiunile pe *ortodoxia intransigentă*, pe purismul egoist și autodefensiv.

18. Amorțeală. Îi determină permanent pe *oameni să simtă tot mai mult* și să gândească tot mai puțin, amorțiți în culte, mituri, acțiuni imature, adulări, gurulatrie și înscenări.

19. Concurență. În efortul de a menține sistematic și profesional catehezele, se preocupă, într-un mod care creează nesiguranță, de concurența temporală dintre religii și filosofii.

20. Dogmatică. Menține tabuuri intangibile, folosind dogme și sacralizări iraționale.

Dorința, intenția și trăsăturile puternice determină calitatea realizării programului existențial.

11. CARACTERISTICILE SARCINII DE CLARIFICARE – TARES

ESTE MAI BINE SĂ NE VEDEM PARTENERUL EXECUTÂND O SARCINĂ DE CLARIFICARE DECÂT REALIZÂND O SARCINĂ DE CONSOLARE.

Caracteristici. Serviciul de ajutor fratern de clarificare, oferit de către o conștiință altor conștiințe, prezintă cel puțin 20 de caracteristici:

1. Complexitate. Întotdeauna în minoritate și împotriva fluxului, clarifică faptele, scoate în evidență greșelile și oferă soluții evolutive clare (activitate complexă).

2. *Nu*. Spune întotdeauna, în toate situațiile, mai mult *nu* decât *da*.

3. Autosuficiență. Îi deservește pe cei care nu mai cer pentru ei înșiși, ci pentru ceilalți.

4. Autocritică. Experimentează autocritica, protejându-și libertatea dincolo de ipocrizie.

5. Dificultăți. Manifestă înțelegeri dificile, realizări mai puțin plăcute, manifestări nu întotdeauna agreabile, fără rezultate imediate în viața umană de zi cu zi.

6. Clarificare. Se bazează pe reacțiile active ale celor mai maturi oameni, fără a ține seama de opinia publică, acordând prioritate calității serviciului oferit.

7. Mentalsomatică. Utilizează idei noi, discernământul și capacitatea indivizilor de a gândi liber sau, mai bine spus, utilizează mentalsomele treze și active.

8. Rațiune. Se adresează esenței ființelor și conținutului faptelor, prin tehnici raționale și non-represive, de profilaxie conștiențială.

9. Trezire. Baza puterii sale de convingere stă în discernământ – esența acțiunii de trezire a *adormiților evolutivi* de orice fel și de oriunde.

10. Holomaturitate. Se dedică maturității conștiențiale integrale și *auto-dobândirii serenismului*, selectând mijloacele necesare pentru atingerea scopurilor sale libertariene.

11. Seriexis. Se concentrează, în primul rând, pe conștiința intrafizică și explică de ce și cum se pot elibera toate conștiințele din ciclul repetitiv al serialității existențiale.

12. Adevărul. Scoate în evidență adevărurile relative de vârf, nu impune nimic și vorbește cu umor și relaxare, repudiind convențiile și caracterul temporar al *societății intrafizice (socin)*.

13. Evoluție. Insistă întotdeauna pe seriile existențiale succesive și inevitabile și pe motivele pentru care trebuie să ne accelerăm evoluția conștiinței.

14. Cârje. Folosește numai acele *cârje psihologice* inevitabile în viața omului, explicându-le, combătându-le și oferind mijloace de renunțare la ele.

15. Eliberarea. Aplică formule de eliberare psihologică și de auto-responsabilizare.

Atât sarcinile de clarificare cât și practica penta sunt proceduri care trebuie să fie executate de către o persoană adultă.

16. Dezinhibare. Caută consensul discernământului universal, prin asumarea ideilor în dezbateri publice, făcându-i pe indivizi total neinhibați față de problemele vieții reale.

17. Maxiuniversalism. Îi asigură unei conștiințe motivate, mijloacele necesare eliberării de formă, spațiu și timp, pentru a putea ieși din *turnul de fildeș* și a ajunge la maxiuniversalism.

18. Experiențe. Îi ajută pe indivizi să gândească pentru ei înșiși, cu scopul de a-și putea domina instinctele animalice, prin experiențele personale, înlocuind credința cu directa cunoaștere.

19. Auto-stăpânire. Se îndepărtează de cultul personalității, de guru, de dependențele excesive și de îndoctrinarea sistematică.

20. Autocunoaștere. Acționează independent de imperiile teologice temporale și de intermediarii dispensabili, dedicându-se muncii permanente de autocunoaștere superioară.

În evoluția conștiinței, munca de clarificare este întotdeauna cea mai avansată preocupare.

12. INSTRUMENTE DE EXECUTARE A PROGRAMULUI EXISTENȚIAL

TRĂIM ASTĂZI, MAI INTENS DECÂT ORICÂND ALTCÂNDVA ÎN VIEȚILE NOASTRE ANTERIOARE, ACCELERAREA ISTORIEI UMANE.

Evoluție. Ultimele două secole au fost mai clarificatoare pentru evoluția conștiențialității terestre decât toate celelalte milenii de viață umană din această Școală-spital.

Stimuli. Din studiile sociologice, făcute în SUA, în 1995, a rezultat că o persoană normală din societatea occidentală primește în medie cu 65.000 de unități de stimulare mai mult decât percepeau oamenii în secolul trecut.

Abundență. Trăim într-o perioadă de maximă abundență privind următoarele 3 categorii de *alimentare a conștiinței intrafizice*, fără precedent în vreo perioadă anterioară a vieții umane de pe această planetă:

1. Holochakralitate. Alimentarea cu energii interconștiențiale: holochakralitatea, multiplele privațiuni și gânsenologia.

2. Somatică. Alimentarea stomacului: foamea, soma și supraviețuirea umană, demnă și sănătoasă.

3. Mentalsomatica. Alimentarea mentalsomei: obținerea de informații prioritare pentru corpul discernământului.

Cultură. Nu *am avut* niciodată atât de multe *cunoștințe* despre atât de multe lucruri diferite. Astăzi sunt mai mulți indivizi erudiți decât în orice altă perioadă din istoria omenirii.

Știința. În această perioadă a istoriei trăiesc mai mulți oameni de știință decât în întregul trecut al ființelor, pe Pământ. Așa cum *se știe*, știința este *cea mai puțin imperfectă* dintre toate liniile cunoașterii umane, deoarece necesită cercetare și respingere, folosind teorii despre adevărurile relative de vârf.

Copil. Specialiștii au făcut teste comparative de determinare a IQ-ului în diferite țări și au arătat că inteligența medie a unui copil din zilele noastre este aproape comparabilă cu cea a unui geniu de *acum 50 de ani.*

Informații. În prezent, un copil de 10 ani știe mai mult, a primit mai multă informație, decât toată informația prioritară de care a dispus, în toată viața lui, Galileo Galilei, unul dintre pionierii științei moderne.

Vârstă. Viața intrafizică nu a fost niciodată mai propice evoluției conștiențiale. Acum 300 de ani, orașele erau cetăți puternic fortificate, ai căror locuitori, *noi înșine*, trăiau într-o stare de război permanent unii cu alții. Din acest motiv și din altele, până la începutul secolului XIX, indivizii rareori ajungeau la vârsta de 30 de ani.

Demografie. Populația terestră s-a mărit, de la 2,5 miliarde de persoane, în 1950, la aproximativ 7 miliarde de oameni, în 2011[8].

Întâlniri. Astăzi te întâlnești într-o săptămână cu mai multe persoane decât te puteai întâlni într-o viață de 50 de ani în timpul Evului Mediu, desigur, cu condiția să fi trăit 50 de ani.

Megafraternitate. Așa cum se știe, întâlnirile cu alte persoane sunt surse indispensabile pentru exercitarea megafraternității, în cadrul structurii evoluției conștiențiale. Nimeni nu evoluează singur.

Pentru toate conștiințele, Pământul este în prezent cel mai bun mediu de experimentare a megafraternității.

Contemporaneitate. Iată de ce viața noastră actuală, fiind o existență de înalt nivel *critic evolutiv*, valorează, de exemplu, cât 10 vieți umane, alese dintre majoritatea vieților pe care le-am experimentat, în secolele imediat anterioare.

Inteligență. Făcând abstracție de ceea ce am expus anterior, paradoxal, nimeni nu poate afirma, în mod rațional, că în lumea în care noi trăim acum, există 50 de milioane de conștiințe intrafizice inteligente, autoconștiente, situate peste nivelul maselor inepte (robotizarea existențială). Noi nu suntem încă suficient de departe de cimpanzeu sau de gorilă.

Atrocități. În această dimensiune conștiențială, în care ar trebui să existe solidaritate pentru executarea programelor noastre existențiale, prin

---

[8] 7,8 mrd. de persoane în 2020; n.tr.

sarcini de clarificare și prin polikarmă, nu au existat niciodată atâtea persoane lipsite de conștiențialitate cosmoetică.

Excluderi. Milioane de conștiințe (intrafizice și extrafizice) așteaptă asistența noastră solidară. Așa cum există excludere socială, în societatea intrafizică, în care se înghesuie cei lipsiți de beneficii sociale, *fără țară, fără un acoperiș, fără un loc de muncă și un salariu,* chiar *fără un computer personal,* la fel există și *excludere parasocială,* de care suferă miliardele de conștiințe extrafizice, *lipsite de luciditate* sau parapsihoticii postdesomatici, din societățile extrafizice paratroposferice de pe această planetă.

Gânsenologie. Cu toate acestea, haideți să rămânem optimiști! În primul rând, este important să luăm în considerare faptul că primul instrument de *manifestare a conștiinței* este gânsena.

STRICT VORBIND, INSTRUMENTUL ESENȚIAL PENTRU EXECUTAREA PROGRAMULUI EXISTENȚIAL AL UNEI PERSOANE ESTE, ÎN MOD LOGIC, ORTOGÂNSENA.

Resurse. Întotdeauna există resurse multiple sau instrumente ajutătoare, pe care le putem folosi pentru a ne stabili scopurile programului existențial și a-l îndeplini în mod corect. Printre acestea se află următoarele 11, prezentate și comentate în ordinea firească a dezvoltării personale.

    A. Disciplina. Autoorganizarea evolutivă.
    B. Autoevaluarea. Conștientometria și măsurătorile conștientometrice.
    C. Instituția. Conștientocentrismul sau instituția conștientocentrică.
    D. S.V. (Starea vibrațională). Măiestrirea stării vibraționale, curative și autodefensive.
    E. Reciclări. Reciclările intraconștiențiale (recin) și existențiale (recexis).
    F. Invexis. Inversiunea existențială.
    G. Duo. Constituirea unui duo evolutiv.
    H. Atacadism. Angajarea filosofiei atacadismului[9] conștiențial.
    I. Conștiențialitate. Executarea gestațiilor conștiențiale.
    J. Penta. Realizarea zilnică a sarcinii energetice personale – Penta.
    K. Autoreleele. Autoreleele conștiențiale.

---

[9] A unor abordări conștiențiale ample, atotcuprinzătoare; n.tr.

1. Auto-organizarea. Cea mai bună metodă pe care o conştiinţă intrafizică o poate folosi pentru a se ancora în îndeplinirea programului existenţial este auto-organizarea.

Auto-organizarea evolutivă se bazează pe toate procesele disciplinare, capabile să îi imprime individului obiceiuri bune.

Obiceiuri. Printre bunele obiceiuri ale conştiinţei intrafizice este întotdeauna inteligent să includem crearea şi menţinerea *agendei intrafizice personale*.

Agendă. Agenda intrafizică poate fi de două tipuri:

A. Veche. Notiţe zilnice într-un jurnal.

B. Modernă. Un program computerizat (digital, agendă electronică, *laptop*), o metodă ideală pentru cei care dispun de resurse financiare.

2. Conştientometria. Măsurarea conştiinţei, folosind tehnici, metode şi teste oferite de conştientometrie, permite stabilirea bazelor pozitive de poziţionare a conştiinţei intrafizice în dinamica sa evolutivă.

Măsurătorile conştientometrice ajută foarte mult la executarea programului existenţial.

Teste. Pe lângă conştientograma la care ne-am referit anterior, poate fi utilizată şi cartea „*700 de Experimente de Conştientologie*", care conţine 300 de teste conştientometrice esenţiale pentru un individ motivat.

3. Conştientocentrismul. Instituţia conştientocentrică îşi concentrează obiectivele pe conştiinţă în sine şi pe evoluţia ei, putând contribui hotărâtor la crearea şi la dinamica executării programului existenţial personal, cu precădere a programului existenţial major, polikarmic.

Instituţii. Iată 4 exemple de instituţii conştientocentrice:

A. IIPC. Institutul Internaţional de Proiectologie şi Conştientologie.

B. CEAEC. Centrul pentru Înalte Studii de Conștientologie.
C. IAC. *Academia Internațională de Conștientologie.*
D. ARACÊ. Asociația Internațională pentru Evoluția Conștiinței.

Exemple. Funcționând în Societatea Intrafizică Conștientologică sub forma unor cooperative conștiențiale, bazate pe legături de muncă și de conștiință, aceste instituții încearcă să fie exemple de întreprinderi conștientologice, în societatea intrafizică încă patologică.

Legătură. Legătura conștiențială este aceea stabilită între conștiințe și între conștiințe și instituțiile din societatea intrafizică, în mod lucid, voluntar, polikarmic și mai evolutiv decât un angajament de muncă.

Grupalitatea. Legătura conștiențială are ca obiectiv experimentarea spiritului de echipă, în executarea sarcinilor și a programului existențial de grup.

Dublu. În aceeași instituție conștientocentrică, același colaborator poate manifesta intenționat o legătură dublă, simultană, de muncă și conștiențială.

4. S.V. SV sau *starea vibrațională* este starea tehnică de dinamizare a energiilor conștiențiale ale holochakrei (paracorpul energetic), prin impulsul voinței.

Autoapărare. Starea vibrațională ajută foarte mult la menținerea sănătății personale și a autoapărării interconștiențiale, în cadrul hologânsenei conștiinței intrafizice, promovând astfel executarea programului existențial.

Sinalectică. Unul dintre efectele la care starea vibrațională predispune este identificarea *sinalecticii energetice și parapsihice* a persoanei (semnale energetice, intraconștiențiale sau animice și parapsihice), a cărei utilizare autoconștientă poate contribui foarte mult la executarea programului existențial individual.

5. Recexis. Recexisul (*rec+exis*) Reciclarea existențială este tehnica de renovare a conștiinței, fără de care devine imposibilă crearea unor abordări noi, adecvate celor mai bune programe existențiale.

Recin (reciclarea intraconștiențială). Un efect natural al recexisului (reciclării existențiale) este reciclarea intraconștiențială (recin) sau reforma intimă, cosmoetică a persoanei, care începe cu renovarea cerebrală sau neuronală.

NOILE SINAPSE SAU CONEXIUNI INTERNEURONALE FACILITEAZĂ AJUSTAREA PROGRAMULUI EXISTENȚIAL, PRIN ACHIZIȚIONAREA UNOR IDEI ORIGINALE.

Grecex. Grecexul (gr+rec+ex; grupul de reciclatori existențiali) promovează reuniuni și experiențe intrafizice, conjuncte, de grup, având ca obiectiv realizarea reciclărilor existențiale planificate.

Grupalitate. Un grup de reciclatori existențiali poate contribui, fără îndoială, la o îmbunătățire a executării a programului existențial individual și a programului existențial grupkarmic și chiar polikarmic.

Revizuire. Autoevaluarea conștiențială periodică nu presupune niciun merit pentru evaluator, ci implică revizuirea atitudinilor sociale și a concepțiilor personale.

Erori. Autoevaluarea ajută la identificarea greșelilor și a omisiunilor deficitare, astfel încât acestea să fie corectate și, prin reciclarea existențială, să apară inevitabil noi căi și tendințe.

6. Invexis. Invexisul (*inv+exis*; inversiunea existențială) este o tehnică de anticipare rațională, la începutul adolescenței sau al tinereții, a manifestărilor evolutive care, în general, sunt efectuate în perioada finală a vieții intrafizice.

Anticipare. Aceste acte evolutive anticipate sau dezvoltate înainte de maturizarea biologică a corpului uman (soma) oferă rezultate mai bune în executarea programului existențial.

Unealtă. Inversiunea existențială este un mijloc sau o unealtă care facilitează îndeplinirea programului existențial. Pentru majoritatea tinerilor, inversiunea nu ar trebui interpretată sau înțeleasă ca fiind programul existențial însuși.

Invertor. Invertorul existențial lucid poate fi definit ca fiind o conștiință intrafizică care inițiază executarea unui program existențial, cu autoconștiență, de foarte timpuriu.

Grinvex. Grinvexul (*gr+inve+ex*; grupul de invertori existențiali) promovează reuniuni și experiențe intrafizice, conjuncte, de grup, având ca obiectiv realizarea inversiunilor existențiale planificate.

Tinerețe. Un grup de invertori existențiali poate contribui, foarte mult, la o îmbunătățire a executării de către tineri a programului existențial individual și a programului existențial grupkarmic și chiar polikarmic.

7. Duo. Duoul evolutiv este starea în care se află două conștiințe care interacționează pozitiv, într-o *evoluție conjugată*.

DUOUL EVOLUTIV ÎŞI REALIZEAZĂ MUNCA EVOLUTIVĂ BAZÂNDU-SE PE CEEA CE ESTE CEL MAI PLĂCUT ÎN VIAŢA UMANĂ: DRAGOSTEA RECIPROCĂ.

Inter-cooperare. Duoul evolutiv din Societatea Umană, creează o condiţie existenţială de evoluţie inter-cooperantă dintre doi indivizi, care este de mare ajutor în realizarea programelor existenţiale ale ambilor parteneri, în acelaşi timp.

Alăturare. Alăturarea a două conştiinţe intrafizice lucide uneşte inevitabil şi două programe existenţiale, anterior stabilite.

Mutualitate. În starea de duo evolutiv, fiecare partener trebuie să analizeze simultan programul său existenţial şi, în acelaşi timp, şi pe cel al partenerului, în mod reciproc, în sensul cooperării unuia cu celălalt.

Opoziţii. Una dintre opoziţiile naturale din hologânsena duoului evolutiv, care necesită o ajustare atentă şi concesii serioase de ambele părţi, apare atunci când una dintre conştiinţele intrafizice dispune deja de o *macrosomă*.

MACROSOMA ESTE, ÎN MULTE CAZURI, CONSTITUITĂ PENTRU A ÎNDEPLINI UN PROGRAM EXISTENŢIAL MAJOR SAU UN MAXIPROEXIS.

Conflict. Faptul că unul dintre parteneri are o *somă* obişnuită pentru a executa un program existenţial *minor*, poate genera un conflict.

Solitudinea. *Dubla solitudine* a iubirii duoului evolutiv le pregăteşte pe cele două conştiinţe intrafizice pentru exercitarea plenară a megafraternităţii, începând de acasă, din intimitate, de la ele însele.

Sarcini de clarificare (tares). Iubirea duoului evolutiv se maturizează şi devine completă numai prin executarea sarcinilor de clarificare, a polikarmei şi megafraternităţii, în interiorul *programului existenţial de grup (proexis grupal)* al celor două conştiinţe intrafizice.

Megafraternitate. Megafraternitatea este dragostea absolută, starea de absolvent *magna cum laude* în dragoste, *imperfecţiunea cea mai puţin imperfectă* din viaţa intrafizică.

8. Atacadism. Atacadismul conștiențial (abordarea conștiențială amplă, atotcuprinzătoare) este un sistem de comportament individual, caracterizat de directiva de a realiza simultan, fără întrerupere, conjugat, acte conștiențiale sănătoase.

Semnături. În experimentarea atacadismului conștiențial, ceea ce introducem în gânsenologia personală nu trebuie să lase, pe acolo pe unde trecem și pe unde ne manifestăm, *semnături gânsenice*, urmări, breșe sau *gap*-uri evolutive negative, bolnave și anticosmoetice.

ATACADISMUL CONȘTIENȚIAL ESTE O FOLOSOFIE PERSONALĂ, O POLITICĂ INTRAFIZICĂ SAU O PRACTICĂ IDEALĂ DE EXECUTARE A PROGRAMULUI EXISTENȚIAL.

Varejism. Atacadismul conștiențial este superior *varejismului conștiențial* (abordare limitată), care este un sistem elementar de comportament individual, caracterizat prin acte conștiențiale minore, izolate, cu rezultate productive și evolutive reduse.

Efecte. Varejismul conștiențial nu reușește să genereze repercusiuni constructive privind megafraternitatea și nici efecte evolutive majore sau notabile, pentru conștiințele intrafizice mediocre, cu programe existențiale banale.

9. Gestații. Gestațiile conștiențiale sunt produse evolutive utile ale conștiinței umane și se referă la lucrările personale legate de o programare foarte avansată.

Gestații de grup. Cele mai comune gestații conștiențiale de grup sunt cele dezvoltate de un duo evolutiv, prin utilizarea sarcinilor de clarificare conștiențială.

10. Penta[10]. Penta reprezintă sarcina energetică personală, zilnică, multidimensională, desfășurată cu asistența permanentă a helperilor, care presupune transmiterea tehnică de energii conștiențiale de către o conștiință umană direct către conștiințe extrafizice sau conștiințe intrafizice proiectate.

---

[10] Personal energetic task; engl; tarefa energética pessoal - Tenepes; port; Sarcina energetică personală; n.tr.

Susținere. Majoritatea conștiințelor intrafizice se află încă în faza intrafizică pre-penta, căutând să își îmbunătățească calitatea hologânsenei personale și să își stabilească următorii 4 stâlpi fundamentali de rezistență, care să le susțină edificiul programului existențial:

A. Sentimentul. Susținerea sentimentală sau viața afectiv-sexuală dintr-un duo evolutiv.

B. Profesionalismul. Susținerea profesională sau supraviețuirea umană fără parazitism și fără dependențe[11] între conștiințele intrafizice.

C. Intelectul. Susținerea intelectuală lucidă sau cea a mentalsomei.

D. Bioenergetica. Susținerea energiilor conștiențiale personale de înaltă calitate, folosite în practica zilnică.

HAIDEȚI SĂ FIM EFICIENȚI DIN PUNCT DE VEDERE COSMOETIC ÎN EXECUTAREA PROGRAMULUI NOSTRU EXISTENȚIAL PENTRU A RĂSPLĂTI MUNCA DE ASISTENȚIALITATE A HELPERILOR.

Asistențe. Sarcinile energetice personale se dezvoltă în stare normală de trezire, pentru restul vieții intrafizice a practicantului; ele tind să susțină cu disciplină asistența și ajutorul extrafizic permanent al helperilor.

Ofiex. Practica penta permite executarea corectă a programului existențial al conștiinței-epicentru conștiențial intrafizic, conștiința-cheie, operațională, și acționează pentru crearea și menținerea biroului extrafizic (ofiex).

11. Autorelee. Autoreleul este starea avansată în care o conștiință lucidă evoluează prin împletirea unei existențe intrafizice cu o alta, consecutivă.

Maxiproexis. Autoreleul oferă în mod evident un ajutor extraordinar executării maxiprogramului existențial, prin multiplele some, vieți, societăți și secole.

Alternanță. Viața ideală este cea ambivalentă sau alternativă, în care o conștiință intrafizică își menține ca o preocupare majoră 75% din spațiul și din timpul conștiențial, ocupate cu viața intrafizică, fără a-și neglija experiențele extrasomatice, și 25% cu viața extrafizică, cu scopul de a împleti programul existențial cu autoreleele conștiențiale, în cadrul ciclului multiexistențial.

---

[11] De natură economică; n.tr.

Interconectare. Prin autoreleu sau prin *continuismul existențial*, conștiința aflată în proces de evoluție își stabilește împreună cu evoluțiologul grupului său karmic planificarea privind întrepătrunderea *programelor existențiale interconectate*.

Seriexis. Aceste programe existențiale interconectate funcționează ca niște verigi de legătură dintr-un lanț mai lung, din cadrul *ciclului multiexistențial*.

CA FIINȚĂ UMANĂ, VĂ SIMȚIȚI MAI MULT SAU MAI PUȚIN ADAPTAT (Ă) PENTRU A VĂ EXECUTA ÎN MOD ACTIV PROGRAMUL EXISTENȚIAL?

Helper. În cazuri mai rare, helperul îi sugerează sau o informează pe conștiința intrafizică asistată despre anumite clauze ale programului ei existențial, în funcție de orientările evoluțiologului.

13. MACROSOMATICA

Definiție. Macrosoma (*macro+soma*) este o soma (corpul uman), *ediție limitată*, super-personalizată, o resursă destinată strict realizării unui program existențial specific, care aparține uneia dintre cele două categorii existente: un maxiproexis sau un miniproexis.

Sinonimie. Următoarele 2 expresii sunt sinonime cu *macrosoma*: *corp super-personalizat* sau *corp ediție specială*.

Macrosomatică. Potrivit macrosomaticii, știința care studiază macrosoma, distingem evident 2 tipuri fundamentale de macrosomă, în funcție de genul uman:

A. Femeie. Ginosoma (*gino+soma*), corpul uman feminin sau corpul specific femeilor.

B. Bărbat. Androsoma (*andro+soma*), corpul masculin sau corpul specific bărbaților.

GINOSOMA, ÎNROBITĂ DE SEX ȘI DE CONSECINȚELE LUI, A SABOTAT PÂNĂ ACUM MAXIPROGRAMELE EXISTENȚIALE ALE MULTOR LEGIUNI DE FEMEI.

Prizonierat. Acest lucru poate fi interpretat ca fiind un *dublu prizonierat* al conștiinței în egokarmă și în karma de grup și poate fi întâlnit mult mai des la femei decât la bărbați, din cauza gradului mare de sofisticare a mecanismelor psihologice, hormonale și sexuale feminine.

Afrodiziac. Nu trebuie să uităm că în sexualitatea umană, ginosoma este corpul afrodiziac.

Menopauză. Menopauza a determinat multe femei să sfârșească prin a arăta spre finalul vieții lor ca niște bărbați stafidiți.

Eunuci. Cel mai grav este că multe dintre aceste femei poartă cu ele inutil o *ginochakră (chakră sexuală) moartă* sau altfel spus, se transformă în bărbați, chiar mai mult, în eunuci.

Sex. Practicarea zilnică a stării vibraționale și a sexului, dincolo de utilizarea adecvată a hormonilor, poate evita o asemenea tragedie, în perioada executivă a programului existențial, între 36 și 70 de ani.

Execuție. Faza de execuție a vieții umane consolidează în general realizarea programului existențial, fiind, și în cazul femeilor, cea mai productivă fază a programului existențial.

Feminism. În cadrul mișcărilor feministe, femeile doctor, mai ales cele *pensionate*, ar trebui să se preocupe mult mai mult de problematica menopauzei.

Însingurare. Există un prizonierat sau o însingurare mai gravă decât perioada menopauzei care să afecteze, să complice, să macine și să omoare prematur milioane de femei din toată lumea, indiferent de clasa socială?

Vigoare. În perioada de vigoare fertilă, o femeie poate fi mai liberă decât oricând, ea dorind să își amplifice, de multe ori eronat, puterea somei, dincolo de conștiință

Puterea socială și politică a ginosomei asupra conștiinței somatice este o reacție a subcreierului abdominal.

Prostituție. Din nefericire, această putere socială și politică a ginosomei este foarte bine cunoscută, încă din Antichitate, prin tradițiile de exercitare profesională a prostituției.

Jumătate-moartă. În perioada de menopauză, lipsită de vigoare sexuală, discernământul femeii trebuie să fie mai alert și mai matur, pentru a putea să își înfrunte starea, de multe ori, pe jumătate moartă din punct de vedere energetic.

Mentalsomă. Perioada de menopauză poate fi folosită util, prin omagierea conștiinței feminine, dincolo de somă, o reacție generată în acest caz de mentalsoma, profitând astfel de falsul declin vital al ginosomei.

Hormoni. Substanțele chimice, inclusiv hormonii și neurotransmițătorii, au o importanță foarte mare în viața intrafizică.

ENDORFINELE SUNT NEUROTRANSMIȚĂTORI, UN FEL DE COCAINĂ NATURALĂ, PE CARE LE ADUCEM ÎN SOMA. ELE POT GENERA OBICEIURI SAU POT CHIAR VICIA.

Maratoniști. Pentru a înțelege endorfinele, este suficient să ne uităm la maratoniștii fanatici, pacienți ai medicilor și psihologilor, care sunt dependenți de cursa zilnică de 6 km. În ziua în care nu aleargă, ei sunt iritați și nervoși.

14. PROGRAMUL EXISTENȚIAL ȘI GEOGRAFIA

Geografie. În funcție de zonele programului existențial care au legătură cu geografia, putem împărți conștiințele intrafizice în două categorii:

A. Conștiințe intrafizice-fermiere. Câmpul – laboratorul natural retro, tradițional – îi permite țăranului sau conștiinței intrafizice rurale-fermier să manifeste o introspecție majoră, în comuniune cu Natura.

B. Conștiințe intrafizice-orășeni. Orașul, laboratorul artificial de avangardă, dincolo de toate inconveniențele sale, îi permite conștiinței intrafizice-orășean, care este o conștiință tehnologică, o extrovertire superioară, prin comunicarea intensă și prin conviețuirea permanentă alături de un număr mult mai mare de persoane.

Laboratoare. Ambele laboratoare intrafizice dau conștiinței posibilitatea de a obține o mai mare hiperacuitate și chiar șansa de a atinge desperticitatea, dar laboratorul urban devine din ce în ce mai bogat și mai eficient.

Modernitate. Cetățeanul urban mediu de la sfârșitul Secolului XX consumă de câteva sute de ori mai multă energie decât consuma un fermier acum o sută de ani și se bucură de un standard de sănătate, nutriție și confort mult mai ridicat decât orice rege al acelei perioade.

LUÂND ÎN CONSIDERARE TOATE ACESTE ASPECTE, ÎN CIUDA INCONVENIENȚELOR, ORAȘUL ESTE MULT MAI ÎN FAȚĂ ÎN BĂTĂLIA AUTOEVOLUTIVĂ DECÂT SATUL.

Conștiința intrafizică urbană. Deoarece întâlnește zilnic multe persoane, conștiința fizică urbană se bucură de mai multe oportunități de a realiza gestații conștiențiale mai ample.

Cămin. Viața domestică, căminul, casa sau apartamentul predispun o conștiință intrafizică lucidă și interesată în executarea programului existențial la introspecție, reflexie și autoevaluare intraconștiențială sau la a fi în primele rânduri ale bătăliei evolutive.

Țărani. Chiar și gestațiile umane sunt mai simple la țară, unde copiii sunt crescuți de Mama-natură, de multe ori primitiv, spontan și instinctiv.

ÎN CONFORMITATE CU PRINCIPIILE ECOLOGIEI MODERNE, ZONA RURALĂ NU ESTE, NU TREBUIE ȘI NU POATE FI GRĂDINA DIN SPATELE MARILOR ORAȘE.

Natură. Există foarte multe mituri și tabuuri despre natură, viața rurală și locuitorii satelor, dar cu toate acestea, exodul rural este un fenomen zilnic.

Arenă. Totuși, realitatea evolutivă arată că mult criticata aglomerație umană din megalopolisuri și din marile orașe este cea mai bună arenă pentru accelerarea evoluției conștiențiale.

Anti-oraș. Viața într-un oraș sau într-un mega-oraș este o opțiune foarte inteligentă, atât timp cât acesta nu este un anti-oraș, lipsit de securitate și permite o calitate a vieții potrivită pentru executarea satisfăcătoare a programului existențial.

Învechit. Următoarele 15 obiceiuri intrafizice au ajuns să fie depășite, învechite, în viața noastră curentă din orașe:

01. **Alcoolul.** A discuta solemn la un pahar cu vin.

02. **Armura.** A purta armură pentru protecție.

03. **Autori.** A citi Marx Nordau[12] și alți asemenea autori

04. **Roabe.** A utiliza roabe cu tracțiune manuală.

05. **Tramvai.** A călători cu un tramvai tras de măgari.

06. **Enigme.** A scrie scrisori enigmatice.

07 **Scuipătoare.** A scuipa în scuipătoare.

08. **Mica lume.** A folosi un dialect aparținând micii tale lumi.

09. **Chioșc.** A frecventa chioșcuri grandioase.

10. **Serenade.** A cânta serenade romantice.

11. **Sonete.** A scrie sonete.

12. **Fumatul.** A lua apărarea țigărilor, trabucelor și nicotinei.

---

[12] Max Nordau (Simion Maximilian Südfeld; 1849-1923) – medic, critic social și lider sionist, născut la Pesta, Ungaria, autor printre altele al cărții *Degenerarea*; n.tr.

13. **Şorici.** A mânca şorici (colesterol).
14. **Jocul cu vorbele.** A crea jocuri de cuvinte.
15. **Urbanizare.** A urbaniza străzile înguste din afara favelelor.

CÂND SE BAZEAZĂ PE DISCERNĂMÂNTUL CONŞTIENŢIAL, NEOFILIA AJUTĂ LA EVOLUŢIA CONŞTIINŢEI

15. TEHNICA DE EXECUTARE A PROGRAMULUI EXISTENȚIAL

Acțiune. Orice acțiune libertariană privind programul existențial și sarcinile de clarificare prezintă 4 niveluri indispensabile, prezentate în ordine cronologică:

1. Proiectul. Proiectul, faza cea mai ușoară și, în general, cea mai rapid de realizat.
2. Tentativa. Tentativa de realizare schematică și executarea primilor pași.
3. Realizarea. Realizarea efectivă a proiectului.
4. Întreținerea. Întreținerea, faza cea mai dificilă și mai îndelungată.

Debut. Debutul unei acțiuni este perioada în care se fac primii pași, în care se realizează o schemă superficială; este o așa-numită ucenicie.

Rădăcini. Menținerea proiectului reprezintă sarcina cea mai complexă, pentru că își prinde rădăcinile în viața intrafizică și extrafizică, creând o hologânsenă care se dezvoltă în timp.

Constanță. Constanța și perseverența în munca privind programul existențial aduce o aură de calm și bunăvoință. Inflexibilitatea, încăpățânarea, intransigența și radicalismul nu se încadrează pe linia constanței.

Sarcini. Pentru executarea voluntară și satisfăcătoare a programului existențial, o conștiință trebuie să își definească în mod clar scopurile și sarcinile personale, corespunzătoare fiecărei faze de experiențe, din leagăn până în mormânt.

ÎN EXECUTAREA PROGRAMULUI NOSTRU EXISTENȚIAL TREBUIE SĂ AVEM ÎN VEDERE PROIECTUL VIEȚII ȘI DEZVOLTAREA UNEI CRONOGRAME FIREȘTI.

Faze. În termenii executării programului existențial, viața umană poate fi împărțită în două faze tehnice:

A. Pregătirea. Prima fază este cea pregătitoare, care se întinde de la naștere până la 35 de ani.

B. Execuția. Cea de-a doua fază este cea executivă, care se întinde de la 36 de ani până la aproximativ 70 de ani.

Subsol. În faza pregătitoare, o conștiință intrafizică parcurge subsolul conștiențial și se confruntă cu educația formală în noua sa existență terestră.

Profesie. Deși se află încă în faza pregătitoare, conștiința intrafizică se pregătește pentru cariera profesională, indispensabilă pentru auto-susținerea financiară, fără parazitarea altor persoane, doctrine, instituții sau a statului.

Discernământ. Discernământul este singurul care poate permite stabilirea unei delimitări exacte dintre ambițiile și speranțele firești și executarea adecvată a direcțiilor programului existențial de către orice persoană, mai ales de către cele care au împlinit vârsta de 35 de ani.

Trinom. În faza executivă, conștiința intrafizică trebuie să își fi definit deja destinul pentru tot restul vieții curente, să facă ceea ce îi place, prin trinomul *motivație-muncă-timp liber* și să își dezvolte programul existențial pe care a venit să îl îndeplinească. Toți venim în viața umană pentru a evolua cu umor și a fi bucuroși și fericiți cu tot ceea ce facem.

Pentru majoritatea indivizilor, faza plenară a executării programului existențial precede dezactivarea corpului uman.

Prescripții. Urmează 5 prescripții tehnice necesare pentru succesul executării programului existențial al unei persoane.

A. Disciplina. A menține o disciplină proprie în conduita zilnică.

B. Activitatea. A evita lipsa de activitate și viața sedentară.

C. Conștiențialitatea. A căuta maxima dominare posibilă a conștiinței asupra somei.

D. Voința. A avea încredere în puterea voinței proprii, capabile să permită luarea unor decizii majore, fără îndoieli și ezitări.

E. Prieteniile. A elimina prieteniile inactive cu persoanele care fac turism evolutiv și doresc doar să se distreze, ignorând principiile evoluției conștiențiale.

Evoluție. Orice program existențial este stabilit pe 3 baze; este important ca individul interesat să identifice care dintre aceste direcții îi caracterizează programul existențial:

A. Fișă. Dinamizarea propriei evoluții egokarmice și îmbunătățirea *fișei[13] individuale*.

B. Karma de grup. Evoluția grupului karmic.

C. Minipiesă. Evoluția activităților polikarmice, la cel mai avansat nivel evolutiv al conștiinței intrafizice – minipiesă în maximecanismul asistențial.

CE VĂ IMPULSIONEAZĂ ÎN MOD EFECTIV PROGAMUL VIEȚII: EGOKARMALITATEA, GRUPKARMALITATEA SAU POLIKARMALITATEA?

Eroare. Formula maximă, ideală sau cea mai simplă și mai practică pentru executarea programului existențial este cea prin care conștiința nu îi permite erorii să apară.

Micile eșecuri. Fără îndoială, mulți completiști existențiali au învățat din propriile lor greșeli, deoarece două sau trei insuccese (mini-eșecuri) pot stimula și impulsiona profund individul să atingă completismul existențial.

Matergânsenă. În gânsenologie, matergânsena reprezintă ideea principală, stâlpul de susținere, sinteza gânsenică sau gânsena predominantă dintr-o hologânsenă.

Autocritică. Rațional vorbind, dacă în actuala perioadă evolutivă din intrafizicalitate, o conștiință intrafizică nu își diagnostichează, cu maximă autocritică, propria matergânsenă predominantă din hologânsena personală, poate deveni foarte dificil pentru respectiva conștiință să își identifice direcțiile programului existențial și bazele reciclării existențiale.

Trăsături puternice. Următoarele 5 aspecte se detașează dintre modelele individuale de comportament, dintre atitudinile sau trăsăturile puternice, ideale, necesare unei conștiințe preserenissime pentru a-și optimiza eforturile, a-și amplifica performanțele, a reuși cât mai rezonabil să își îndeplinească programul existențial și a beneficia maxim de posibilitățile evolutive dintr-o viață intrafizică.

1. Formarea unui duo evolutiv.
2. Favorzarea gestațiilor conștiențiale.
3. Practicarea penta.

---

[13] Dosarul, registrul; Fișa Evolutivă Personală; n.tr.

4. Atingerea stării de epicentru conștiențial.

5. Promovarea reciclării periodice existențiale personale, în scopul de a corecta panta dezvoltării cronogramei programului existențial.

FIECARE SUCCES EVOLUTIV ARE PREȚUL SĂU PRIVIND PROCENTUL DE EFORT, PERSEVERENȚĂ ȘI IMPLICARE INDIVIDUALĂ.

Moderație. În ritmul natural de dezvoltare a programului existențial, moderația, reținerea și discernământul fac diferența dintre neglijență și precipitare[14].

---

[14] Grabă, repezeală; n.tr.

16. TEHNICA „NU ÎNCĂ"

FORȚAREA REALITĂȚILOR RELATIVE DE VÂRF NU ARE NICIUN ROST: AUTOCORUPȚIA NU PROMOVEAZĂ EVOLUȚIA INTRACONȘTIENȚIALĂ

Încă. Tehnica „*Nu încă*" este menită să exprime prioritățile evolutive pentru toți cei interesați să facă alegeri inteligente privind dezvoltarea programului lor existențial, privind sarcinile de clarificare, polikarma și echilibrul pozitiv al contului curent holokarmic personal.

Condiții. Prezentăm, în continuare, 13 exemple de stări conștiențiale din perspectiva tehnicii „*nu încă*":

01. **Alternanța.** Cea mai evoluată conștiință intrafizică troposferică *nu este încă* o conștiință intrafizică alternantă[15].
02. **Atacadismul** (Abordarea amplă, atotcuprinzătoare). Cel mai evoluat varejism[16] *nu este încă* atacadism conștiențial.
03. **Autoconștientizarea.** Cea mai lucidă proiecție conștientă *nu este încă* o autoconștientizare multidimensională.
04. **Știința.** Cea mai frumoasă artă *nu este încă* o știință care să studieze realitățile evolutive.
05. **Desperticitatea** (eliberarea totală și permanentă de orice intruziune). Cel mai de succes exorcism nu *este încă* desperticitate conștiențială.
06. **Discernământul.** Cel mai mare bun simț *nu este încă* discernământ tehnic.
07. **Duoul.** Cea mai puternică pasiune dintre doi indivizi *nu este încă* un duo evolutiv bine constituit.
08. **Fapta.** Cea mai perfectă teorie *nu este încă* un fapt dovedit.
09. **Hiperacuitatea.** Câștigarea unui premiu Nobel *nu este încă* hiperacuitate.

---

[15] Ref. conștiință care manifestă starea de releu conștiențial; n.tr.
[16] Abordare limitată, punctuală; n.tr.

10. Holomaturitatea. Cel mai important empirism *nu este încă* holomaturitate.

11. Realizarea. Cel mai interesant discurs *nu este încă* o realizare rezonabilă.

12. Sarcina de clarificare. Cea mai mare sarcină de consolare *nu este încă* o sarcină de clarificare.

13. Penta. Cea mai mare pasivitate parapsihică *nu este încă* penta.

Coerență. Este foarte importantă coerența evolutivă, manifestată prin intermediul următoarelor 3 binoame: teopractica (teorie & practică), verbacțiunea (verbalizarea & acțiunea) și conforul (conținut & formă).

AUTOCORUPȚIA ESTE UN MOD DE A FURA DE LA NOI ÎNȘINE: BOGĂȚIE, LIBERTATE, TIMP, SĂNĂTATE, SPAȚIU, OPORTUNITĂȚI ȘI ENERGII CONȘTIENȚIALE.

17. ANTIPROEXIS

Definiție. *Antiproexisul* (*anti+pro+exis*; anti-programul existențial) reprezintă starea personală a conștiinței intrafizice, care se manifestă prin actele, atitudinile și comportamentele îndreptate împotriva executării raționale a programului existențial.

Sinonimie. O expresie echivalentă cu *antiproexisul* este *autodezorganizarea existențială*.

EXISTĂ CONȘTIINȚE INTRAFIZICE, VICTIME ALE ROBOTIZĂRII EXISTENȚIALE (ROBEXIS), CARE NU S-AU GÂNDIT NICIODATĂ LA PROGRAMUL EXISTENȚIAL.

Teorie. Alte conștiințe intrafizice *muriste* descoperă teoretic că există un program existențial personal, dar se opresc aici.

Practică. Alte conștiințe intrafizice mai lucide și mai organizate trăiesc fiind atente la executarea practică și la experimentarea programului lor existențial, pe care l-au identificat foarte bine.

Experiență. Rezultatele evolutive ale experiențelor umane ale fiecăreia dintre aceste conștiințe intrafizice sunt foarte diverse, indiferent de tipurile paragenetice, genetice, mezologice, de educația formală și de claritatea structurii programului existențial.

Mezologie[17]. Mezologia (ecologia) este una dintre cele mai puternice hologânsene din viața intrafizică, în stare să anuleze talentele și programele existențiale ale multor conștiințe intrafizice.

Concesii. Majoritatea indivizilor care își cunosc bine drumul evolutiv, dar nu reușesc să și-l urmeze în mod satisfăcător, suferă de influența intruzivă a partenerilor (conscin și consciex).

Interprizonieratul. Influențele intruzive sunt, de cele mai multe ori, chestiuni din trecutul recent, necorespunzător rezolvate, din cauza stării de interprizonierat grupkarmic.

---

[17] Mezologia se referă la influența mediului socio-cultural; n.tr

Atitudini. Urmează 18 atitudini antiproexis, care fac parte dintr-o listă mult mai lungă:

A. Paragenetica.
B. Intrudabilitatea (victimizarea).
C. Lipsa discernământului personal.
D. Sindromul hipoamnezic
E. Lipsa de educație personală.
F. Statutul cultural.
G. Melancolia intrafizică.
H. Regresia conștiențială până la stadiul de infantilism.
I. Neofobia personală.
J. Șocul hologânsenelor.
K. Murismul.
L. Perfecționismul.
M. Lipsa de decizie.
N. Ignoranța.
O. Adorarea subcerebrală.
P. Promiscuitatea.
Q. Avorturile.
R. Criogenia.

01. Paragenetica. Acele conștiințe cu un echilibru interior relativ mare vizualizează întotdeauna, prin ideile lor înnăscute (paragenetica), scopul final și obiectivele majore ale programului lor existențial.

> **MULȚI INDIVIZI EVITĂ SĂ ÎȘI ASUME PRESIUNEA REALITĂȚII IDEILOR LOR ÎNĂSCUTE ȘI ASTFEL AJUNG SĂ CEDEZE DIN CAUZA AUTOCORUPȚIEI.**

02. Intrudabilitatea. Intrudabilitatea (autointruziunea, în primul rând, și heterointruziunea, în al doilea rând) ostentativă sau cea disimulată obstrucționează conștiințele intrafizice să își recicleze acțiunile și să se elibereze de represiuni și de inhibiții, ele ajungând să facă concesii, uneori notabile, în următoarele direcții:

A. **Bani**. Bogăția în bani (lichidități, finanțe).
B. **Patrimoniu**. Bunuri și proprietăți intrafizice (economie).
C. **Informații**. Informații privilegiate de ultimă oră.
D. **Sociabilitate**. Prestigiul sau statutul social.
E. **Putere**. Puterea temporară.

Milionari. Intruderii extrafizici sunt cei mai mari specialiști care instigă la crearea în toate țările a milionarilor subcerebrali, anulând astfel, nu de puține ori, programele existențiale individuale sau de grup.

Intruderii extrafizici ignoră în general detaliile programului nostru existenţial.

Evidență. Numai odată cu trecerea timpului și cu executarea programului existențial al conștiinței, adevărurile relative de vârf vor ieși în evidență, iar intruderii vor fi capabili să identifice detaliile programului existențial individual.

Maxiproexis. Intruderii reușesc să identifice mai ușor munca executată de conștiințele intrafizice cu maxiprograme existențiale care implică în mod clar apărarea sarcinilor de clarificare și a polikarmei.

Grupuscul. În acest context dat, intruderii se înarmează și, de multe ori, formează grupuri mici de conștiințe extrafizice, *sateliți de intruderi*, cu scopul de a menține sub orice formă și cu orice preț dominația vampirizărilor interconștiențiale puternice.

Avanpost. În anumite hologânsene, intruderii formează un *avanpost amplu al intruziunii*, pentru a împiedica clarificarea victimelor lor energetice, ignorante, vulnerabile, umane sau troposferice.

Accidente. După cum se observă, accidentele parapsihice de parcurs datorate intruziunii pot compromite executarea programului existențial, atunci când ating un nivel înalt de intensitate și de frecvență și împiedică manifestările conștiinței intrafizice.

03. Antidiscernământul. Gânsenitatea, când derivă direct din subcreierul abdominal, este în general caracterizată de iraționalitate, antidiscernământ și stimă de sine scăzută, care sfârșesc prin a genera atitudini *anti*proexis.

Victimizare. Doar o *conștiință intrafizică pe jumătate necoaptă* din punct de vedere evolutiv poate deveni victimă a lipsei de discernământ sau, altfel spus, victima sa însăși.

Automulțumire. Când directivele cosmoetice sunt bine înțelese, o persoană trebuie să evite heteromulțumirea, care semnifică impunitatea și automulțumirea, adică neglijența, lenea și indolența, care împreună conduc la incompletism existențial.

Rezultate. Chestiunea evolutivă și dezvoltarea intrafizică conștiențială nu se limitează la evaluarea programului existențial individual, ci a rezultatelor programului existențial individual.

04. Sindromul. *Sindromul hipomneziei*, cel care determină o conștiință intrafizică să uite parțial liniile directoare ale drumului trebuie să meargă și sarcinile din viața umană, poate genera din punct de vedere psihologic o formă de îndepărtare de la datoriile intrafizice privind executarea programului existențial.

Din cauza sindromului hipomneziei, atitudinea de îndepărtare caracterizează un tip de autocorupție instinctivă sau inconștientă.

05. Pierderea educației. Chiar educația formală, care ajută la îmbunătățirea noastră a tuturor, poate fi ambiguă și poate determina un proces de îndepărtare a conștiinței intrafizice (lipsa de educație) de executarea și îndeplinirea programului existențial.

06. *Status.* Mulți oameni obțin o diplomă universitară și totuși rămân înțepeniți în afara drumului, departe de calea evolutivă, sub nivelul dat de noul statut cultural, profesional și economic, conferit de pregătirea lor.

07. Melin. Multe traume emoționale profunde sunt eradicate sau reduse odată cu eliminarea melancoliei intrafizice.

Profilaxie. *Profilaxia melancoliei intrafizice (melin)* se poate obține prin cercetarea programului existențial, prin auto-motivație, prin executarea sarcinilor de clarificare care au fost neglijate și prin acțiuni personale de experimentare practică, zilnică, a megafraternității.

08. Regresia. Când un individ își idealizează copilăria ca fiind cea mai bună perioadă a vieții sale și se lamentează privind viața de adult înseamnă că acea persoană se îndreaptă spre incompletitudine, frustrare și, cel mai grav, trece printr-un mecanism de regresie a egoului.

> **COPILĂRIA REPREZINTĂ O FAZĂ PREGĂTITOARE. COPILUL ESTE O CONȘTIINȚĂ UMANĂ ÎNCĂ RESTRICȚIONATĂ LA ÎNALT NIVEL.**

Universalism. Există persoane care cu intenția de a experimenta megafraternitatea, universalismul, holismul, transdisciplinaritatea și chiar poliglotismul asociază diferite tehnici, rezultate din linii distincte de cunoaștere, aparent asemănătoare, dar totuși, de cele mai multe ori, esențialmente opuse.

Hologânsenă. Această muncă mentalsomatică și unificatoare necesită eforturi din partea conștiinței intrafizice neofile pentru a putea armoniza, compune, unifica și crea un amalgam armonios de principii diferite, în cadrul universului adevărurilor relative de vârf sau în cel al unei unice hologânsene de grup.

Neofilie. Neofilia reprezintă starea de adaptare ușoară a conștiinței intrafizice la situații, împrejurări, medii și provocări noi.

Coerență. Potrivit Conștientologiei, neofilia este predispoziția personală spre renovarea evolutivă, o obligație pe care conștiința intrafizică o are față de sine, pentru a rămâne coerentă și neautocoruptă.

Motivație. Încercând să se repoziționeze și să își asume noi angajamente, fiind impulsionată de neofilie, conștiința intrafizică se pregătește cu dispoziție înnăscută și cu motivație majoră, pentru a-și realiza rezonabil programul existențial.

> **MOTIVAȚIA ESTE O MÂNCĂRIME SĂNĂTOASĂ PE PIELE (NEOFILIE), CARE DINAMIZEAZĂ MUNCA EVOLUTIVĂ NECESARĂ ÎNDEPLINIRII PROGRAMULUI EXISTENȚIAL.**

Simplism. Complexitatea microuniversului conștiențial explică de ce conștiințele intrafizice neofobe, cu nivel intelectual simplist, nu suportă un nivel avansat al adevărurilor relative de vârf, în niciun sector al cercetării conștiențiale.

09. Neofobia. Neofobia este teama de nou, de lucruri originale; este opusul neofiliei.

10. Șoc. În cazul conștiințelor intrafizice neofobe, combinația sofisticată a conceptelor evoluate declanșează un *șoc al hologânsenelor*, care conduce de multe ori la destabilizare conștiențială și la nesiguranță personală majoră.

Schismă. Acest șoc al hologânsenelor poate genera în final o disidență frontală față de idei, care determină o schismă în relația dintre conștiință și grupul ei karmic.

Utopie. În acest caz, disidența sau schisma poate genera experimentarea unei utopii (alienare) privind executarea programului existențial de grup (muncă de clarificare și polikarmă).

11. Largare. În concluzie, este foarte importantă identificarea cu totală rațiune a manifestărilor antiproexis, în contextul următor: ceea ce nu servește evoluției noastre, nu ne servește nici nouă înșine și trebuie disprețuit, abandonat și largat.

Murism. Machiajele, *pastilele îndulcite* sau dorința copilărească de a mulțumi pe toată lumea nu sunt de niciun folos.

Universalism. Universalismul nu este *murism*.

12. Perfecționismul. În viața intrafizică nu există perfecțiune absolută, dar lucrul bine făcut este un consens evident care contribuie la evoluția conștiinței.

Banalități. Așadar, pierderea de timp, de energie și de oportunități în favoarea unor banalități perfecționiste nu este niciodată un ideal.

Noutate. Există, cel puțin, două categorii de perfecționism: teoretic și practic. Categoric, ambele sunt dispensabile și dăunătoare.

Teorie. Perfecționismul teoretic este cel mai grav și frecvent se bazează pe principii și elaborări filosofice.

Perfecționismul obstrucționează experimentarea plenară a teopracticii și zdrobește dinamismul executării programului existențial.

Parapsihologi. Una dintre cele mai grave omisiuni ale parapsihologiei este aceea că parapsihologii ignoră detaliile programelor lor existențiale și cei mai mulți dintre ei par chiar a nu fi deloc interesați de acest fapt.

Automimetisme. Majoritatea parapsihologilor repetă *ad nauseam*, inutil, ceea ce cercetătorii din trecut, pionierii și idolii lor au descoperit în domeniile lor de cercetare.

Inactivitate. Din cauza acestor mimetisme dispensabile, mulți parapsihologi și-au pierdut dinamismul în viețile lor umane actuale și și-au prejudiciat realizarea programelor existențiale.

Teopractică. Alți parapsihologi nu sunt de acord cu teopractica, cu angajarea energiilor lor conștiențiale și a propriului parapsihism, rămânând doar teoreticieni, în starea de cercetători non-participativi, ceea ce le prejudiciază de asemenea programele existențiale.

Conștiințe extrafizice. Mă refer aici la acest *tip de antiproexis*, care aparține zonei perfecționismului parapatologic, ca urmare a solicitărilor conștiențelor extrafizice, cu care m-am întâlnit pe când eram proiectat, conștiințe – foste cercetătoare ale parapsihismului din Anglia.

Pionieri. Acești pionieri au punctat două comportamente ectopice – automimetismul și neparticiparea – ca fiind cele mai puțin inteligente din punctul de vedere al evoluției conștiențiale.

Holomaturitate. Integritatea principiilor, siguranța parcurgerii drumului către obiectivul conștiențial și menținerea coerenței personale pot fi atinse numai de către conștiința intrafizică aflată la un nivel major de holomaturitate.

HOLOMATURITATEA SE EXPRIMĂ PRIN RECUPERAREA SATISFĂCĂTOARE A UNITĂȚILOR DE MĂSURĂ ALE LUCIDITĂȚII PERSONALE (CON).

13. Indecizii. Faptele evidențiază predispoziția noastră pentru ezitări, indecizii, marșuri și contra-marșuri, care se manifestă cu o intensitate cu atât mai mare cu cât este mai îndelungată perioada analizată.

Fapte. Următoarele 4 aspecte reprezintă exemple concrete de incoerență și ezitare:

A. Câmpul. Inițial, omul muncește din greu la câmp pentru a obține mijloacele necesare și a trăi într-un megalopolis. Apoi, muncește din greu pentru a putea părăsi megalopolisul și a reveni la câmp sau în satul său natal.

B. Aurul. Inițial, omul trudește să dezgroape aurul din străfundul pământului. Apoi muncește neobosit să îl depoziteze în cutiile de valori aflate în subsolurile băncilor, unde omul nu mai are un contact direct cu el, exact la fel ca atunci când aurul se afla îngropat în pământ.

C. Faima. Inițial, o femeie de 30 de ani face tot ce îi stă în putință să devină faimoasă și să fie recunoscută oriunde s-ar duce. Apoi, după 60, ea face tot ce poate pentru a nu fi recunoscută, deghizându-se și purtând ochelari, chiar evitând societatea pe care altădată o cucerise.

D. Vârsta. Inițial, femeia face tot posibilul să ascundă rușinea de a avea 40 de ani. Apoi, 50 de ani mai târziu, le spune tuturor și se laudă că are 90 de ani.

Evitare. În viața fizică, este inteligentă evitarea marșurilor și contra-marșurilor, a ezitărilor și incoerențelor, pentru a putea realiza în mod direct, constant și permanent proiectul existențial și a ajunge la complexis.

14. Ignoranță. Imaturitatea umană poate umple o enciclopedie. Peste tot există ignoranțe spontane și naturale. Unele nu sunt catalogate ca boli, dar fac parte din evoluția principiului conștiențial, cum ar fi următoarele 3:

A. Liliecii. Liliecii cred că noaptea este zi.

B. Câinii. Câinii latră la roțile mașinilor.

C. Omul. Omul primitiv avea credințe și idoli.

Este evident că sporturile radicale sau periculoase nu sunt incluse în planificările evolutive ale programului existențial.

Abuz. Mulți oameni de pe Pământ trăiesc încă fără o planificare existențială și abuzează de utilizarea somelor, dormitând sub dominația *subcreierului abdominal*, exact așa cum fac și colegii noștri subumani de evoluție: leul, hiena sau lupul.

Resentiment. Ura, resentimentele, lamentările și hipersensibilitatea, mari inhibitori ai spiritului de echipă, proprii animalelor subumane, sunt întotdeauna manifestări primare, primitive și atavice ale emoțiilor.

Parapatologii. Strict vorbind, resentimentele derivă din parapatologiile psihosomei și au reflexe holochakrale și somatice, totalmente antiproexis.

Lipsă de experiență. Societatea intrafizică în care trăim încă acționează cu un grad considerabil de patologie, datorită ignoranței și lipsei noastre de experiență evolutivă, în toate componentele sale. Acest fenomen atinge toate zonele vieții umane, inclusiv domeniul economic.

Succes. Nu toți cei care au atins succesul uman au un program existențial avansat. Sunt armate de milionari care sunt victime ale unei lamentabile ambivalențe, fiind, în același timp, intruderi și intruzați intrafizici.

Droguri. Este trist și regretabil să observăm că mii de conștiințe intrafizice dependente de droguri care, deși știu că se sinucid lent, folosesc totuși escapismul pentru a-și justifica autocorupția, care îi face să prefere o viață umană scurtă, în locul plictiselii bătrâneții și al suferinței date de boli, cum ar fi cancerul sau accidentul vascular cerebral. Acești indivizi habar nu au despre programul existențial.

Fericire. Cu cât trăiește mai mult, o conștiință intrafizică care și-a îndeplinit cu succes mandatul existențial este cu atât mai fericită. Senectutea poate fi cea mai fericită perioadă din existența ei pe Pământ.

15. Adorare. Adorarea, zeificarea și gurulatria constituie pentru multe conștiințe o fugă eronată de responsabilitatea față de propria evoluție intimă.

Autoevaluare. Adorând o ființă pe care o consideră a avea calități mai mari și potențial mai ridicat, individul consideră că este scutit de autoevaluările evolutive și se sustrage obligațiilor lui, transferând altcuiva responsabilitățile sale.

ADORAREA ESTE O REACȚIE INFANTILĂ PROPRIE SUBSOLULUI CONȘTIENȚIAL, GENERATOARE DE DEVIAȚII DE LA PROGRAMUL EXISTENȚIAL PERSONAL.

16. Promiscuitate. Multe relații sexuale umane promiscue se pot manifesta ca urmare a participării surprinzătoare și de nesuspectat a conștiințelor extrafizice bolnave, cu mari carențe de energii conștiențiale.

Resomări. Prin urmare pot apărea resomări intrafizice sau renașteri intrafizice, nelegitime și inoportune, din cauze exclusiv intruzive, ca efect al intruziunilor interconștiențiale.

Aventurile. *Practica aventurilor de o noapte,* contactele instantanee, relațiile *fără niciun fel de obligații, intimitatea imediată* caracteristice tinerilor din ziua de astăzi, sunt un mod de manifestare a promiscuității sexuale și se pot finaliza cu o stare antiproexis.

17. Avorturi. Aceste cazuri trebuie analizate cu foarte multă logică, în raport cu avorturile intenționate.

18. Criogenie. Un grup de indivizi bogați și optimiști, dar neresemnați cu ideea desomării și, până la un anumit punct, robotizați de tehnologie, au decis să parieze pe viitor, au plătit 120.000 de dolari fiecare și și-au cedat somele, pentru a fi criogenate, atunci când ei își vor pierde viața.

Congelator. Cadavrele acestor conștiințe intrafizice sunt înghețate și conservate într-un fel de *congelatoare*, de sarcofage formate dintr-o capsulă de aluminiu aflată în interiorul unui cilindru de oțel.

Fundații. În SUA există 4 fundații care se ocupă de criogenie, tehnică folosită pentru a răci și a menține corpul înghețat. Astfel, somele dezactivate ale conștiințelor intrafizice sunt înmormântate în capsule de aluminiu.

Membri. Așa cum arată faptele extrafizice, conștiințele intrafizice, membre ale acestor fundații care se ocupă de criogenie, nu au experimentat în existențele lor deschiderea conștiențială, care poate fi obținută numai prin proiecții lucide marcante.

Rușine. Astfel, când redevin conștiințe extrafizice, ca urmare a șocului desomării, aceste conștiințe suferă evident o rușine incontestabilă când se confruntă cu realitatea supraviețuirii lor extrafizice.

Melex. Unele dintre aceste conștiințe extrafizice, în momentul în care devin mai lucide și mai autocritice, vor suferi cu siguranță de *melancolie extrafizică*, recunoscându-și starea de *ectopie conștiențială* privind programul lor existențial.

CRIOGENIA ȘI TOATE MIJLOACELE SALE TEHNOLOGICE REPREZINTĂ UN ULTIM ACT AL IGNORANȚEI PRIVIND MULTIDIMENSIONALITATEA CONȘTIENȚIALĂ.

Apoteoză. Criogenia este apoteoza frustrantă și jenantă a unui program existențial incomplet (incompletism existențial), încoronat de un buchet artificial de flori iluzorii.

18. PROEXISUL ȘI ECTOPIA CONȘTIENȚIALĂ

Definiție. *Ectopia existențială* este execuția necorespunzătoare a programului existențial, în mod excentric, dislocat, mult în afara itinerariului programatic sau a proiectului de viață ales anterior, în timpul perioadei intermisive, pentru dezvoltarea propriei vieți intrafizice a conștiinței umane (intrafizice).

Sinonimie. Următoarele două expresii sunt sinonime cu *ectopia existențială*: *îndepărtarea de programul existențial* și *dislocarea programului existențial*.

Ajustări. Dacă o persoană s-a pregătit în mod corespunzător, ea va juca în starea de ființă socială un rol potrivit temperamentului și aptitudinilor sale, într-o atmosferă socială sau o hologânsenă bine ajustată.

Dislocare. Dacă acest lucru nu se va întâmpla, ea se va simți dislocată, executând un *proexis ectopic*, îndepărtat de scop, într-un loc și în condiții diferite de cele care au fost indicate și planificate, în multe cazuri de conștiință însăși.

Anomalie. Ectopia poate lua multe forme, fiind o anomalie a unei situații, o îndepărtare de la condițiile pe care conștiința intrafizică le aștepta, un cuib pe care ea ar fi trebuit să îl construiască pentru sine și să nu îl disprețuiască.

LEGIUNI DE CONȘTIINȚE INTRAFIZICE TRĂIESC STĂPÂNITE DE SUBCREIERUL ABDOMINAL – O ECTOPIE – ȘI NU DE CREIER; DE EXEMPLU: PUGILISTUL.

Condiții. Referitor la ectopie, fiecare persoană se regăsește într-una dintre cele două situații privind programarea vieții umane:

A. **Adecvare.** Relativ fericit (ă), cu un program existențial adecvat și corect.

B. **Inadecvare.** Permanent frustrat (ă), cu un program existențial inadecvat, dislocat, ectopic.

Cauze. Cauzele dislocării funcționale a programului existențial sunt date de mai mulți factori aparținând existenței terestre. Prezentăm, în continuare, 10 dintre acești factori:

A. Sociabilitatea. O viață socială agitată.
B. Partenerii. Anturajul nepotrivit.
C. Exotismele. Doctrine ciudate.
D. Rutinele. Obiceiuri stagnante.
E. Stagnările. Confortul personal.
F. Varejismul. Abordarea conștiențială limitată.
G. Accidentele. Accidentele datorate neglijenței.
H. Neofobiile. Neofobia sau reticiența față de nou.
I. Intruziunea. Sabotajul intruderilor extrafizici.
J. Sectarismul. Sectarismul din *mica lume* personală sau grupală.

Manifestarea sarcinilor de consolare poate reprezenta o ectopie pentru un program existanțial avansat, fundamentat pe sarcini de clarificare.

Reciclare. Reciclarea existențială (recexis) este singura măsură capabilă să abordeze cu inteligență un program existențial dislocat, în sensul în care conștiința intrafizică reia faza executivă, ilustrativă a vieții sale.

Credință. Practic, în momentul în care își mărturisește credința și acceptă faptul că idolul adorat este superior, o conștiință intrafizică ajunge să se bazeze pe acea entitate și astfel se dispensează de obligațiile față de ea însăși, ceea ce duce la instalarea ectopiei existențiale privind propriul program existențial.

Procreare. Există femei cărora li se induce, dincolo de forța instinctivă a geneticii și a procreării, ideea de a avea copii, fără ca acest lucru să fi fost inclus extrafizic, în timpul perioadei intermisive, în programul lor existențial.

Homosexualitatea și lesbianismul pot fi considerate ectopii sexosomatice, din punctul de vedere al genului uman.

Cauze. În acord cu observațiile anterioare, ectopiile conștiențiale pot fi generate, printre altele, de adorație, de sarcinile de consolare și de criogenie, ceea ce generează un program existențial dislocat și melancolie extrafizică.

Alienări. Urmează 12 tipuri de gestații conștiențiale ectopice sau sarcini de îndepărtare, care trebuie analizate rațional și evitate cu logică, în desfășurarea programului existențial.

1. Automimetismul. Complacerea în automimetisme repetitive și dispensabile, care iau locul executării noilor sarcini din programul existențial *corect*, sănătos și dinainte stabilit.

2. Grupul karmic. Subjugarea iremediabilă, interprizonieratul conștiințelor intrafizice în propriul grup karmic, fără îndeplinirea sarcinilor polikarmice planificate anterior.

3. Intrafizicalitatea. Angajamentele (inactivitate, indolență) excesive în existența intrafizică, somatică, în detrimentul sarcinilor multidimensionale programate.

4. Mediumismul. Supunerea la rutinele unui grup animico-mediumist, în locul îndeplinirii sarcinilor personale, izolate, din programul penta (sarcina energetică personală zilnică).

5. Misticismul. Dezvoltarea programului existențial bazat pe o doctrină mistică, străină de programul prestabilit al mediului de cercetare, de respingere logică a adevărurilor relative de vârf ale științei convenționale, newtonian-carteziene.

6. Morala. Menținerea în universul moralei umane, fără gânsene cosmoetice, determină programe existențiale inconsistente și descompuse din punct de vedere moral.

7. Subsolul. Staționarea în starea de subsol conștiențial, în locul îndeplinirii serviciilor programate la ultimul cursul intermisiv.

8. Proiectabilitatea. Experimentarea așa-numitelor proiecții conștiente spontane, în locul realizării unor proiecții conștiente, induse prin voința puternică a proiectorului.

9. Reciclarea existențială. Realizarea impusă, tardivă a reciclării existențiale, în locul programului liber prestabilit, în perioada potrivită, prin invexis (inversiune existențială). Programul existențial dislocat trebuie eliminat (recexis) cu inteligență, exact ca o sarcină extrauterină (ectopică).

10. Sectarismul. Concentrarea eronată a eforturilor personale în limitele sectarismului (facționalism, *mica lume a unei persoane*), în locul experimentării cât mai ample cu putință a unui universalism major.

11. Sarcina de consolare (tacon). Dependența dată de confortul sarcinilor de consolare, în locul manifestării mai dificile și mai puțin plăcute a sarcinilor de clarificare; sarcina de consolare este o ectopie pentru un program existențial avansat.

12. Varejismul (Abordarea limitată). Devierea pe acostamentul varejismului, în locul poziționării pe autostrada *atacadismului conștiențial* (abordarea atotcuprinzătoare), autoconștient, mult mai evoluat.

UNA DINTRE CELE MAI GRAVE PRIZONIERATE ECTOPICE UMANE CARE MUTILEAZĂ PROGRAMUL EXISTENȚIAL ESTE POZIȚIONAREA ÎNTR-UN SISTEM DE CREDINȚE.

19. DISIDENȚELE IDEOLOGICE

Disidență. Disidența este forma de dezacord prin care o parte a membrilor unei corporații se separă din cauza diferenței de opinii.

Sinonimie. Există 3 expresii echivalente *disidenței: secesiune, schismă* și *disensiune*.

Conștientologie. În conștientologie, disidența este o consecință inevitabilă a teopracticii (teorie+practică) și a verbacțiunii (verbalizare și acțiune) privind adevărurile relative de vârf sau practicarea sarcinilor asistențiale de clarificare.

Creștere. Adevărurile relative de vârf, manifestate în executarea și îndeplinirea unui program existențial, mai ales a unui maxiproexis, nu aduc niciodată armonie și pace, ci mai de grabă stres sănătos și crize de creștere pentru cele mai multe persoane.

Grup karmic. Crizele de creștere generează inevitabil, ca efect colateral, disidențe ideologice, dincolo de performanța, intervenția sau chiar efortul și dedicarea pentru asistență a persoanelor din grupul karmic.

Disident. Strict vorbind, disidentul nu este dușmanul nostru, ci doar o conștiință intrafizică care dezaprobă în mod democratic ideile și luările noastre de poziție; este o atitudine firească care trebuie respectată.

DISIDENTUL ESTE COLABORATORUL NOSTRU ATIPIC. CEL CARE SE ÎNDEPĂRTEAZĂ PENTRU CA NOI SĂ PUTEM TRECE; NE AJUTĂ ÎN MUNCA NOASTRĂ.

Cosmoetică. Așadar este important să subliniem că problema care provoacă cea mai mare disidență, în interiorul activităților de grup ale conștientologiei, este cea mai puțin recunoscută de disidenți, și anume cosmoetica.

Prietenie. Din punct de vedere cosmoetic, disidențele ideologice nu trebuie și nu pot afecta prietenia adevărată.

Ideologie. Prietenia trebuie să se ridice cu onestitate peste înțelegerile sau neînțelegerile ideologice.

Educație. Educația evolutivă a conștiinței poziționează, încetul cu încetul, adevărurile relative de vârf dincolo de persoane.

Deficiențe. Știm că legiuni de conștiințe intrafizice cu deficiențe conștiențiale, inclusiv multe categorii de disidenți ideologici, utilizează mecanisme cu un conținut mezologic, social și cultural moștenit, fără să ajungă la o eliberare rezonabilă.

Deficiențele conștiențiale cristalizează viața în sacralizare, în mica lume limitată a conștiinței și în robexis (robotizarea existențială).

Respect. Așadar, în primul rând, cosmoetica sugerează că trebuie respectat nivelul evolutiv al fiecărei ființe, fără a o forța să accepte punctul nostru de vedere, indiferent dacă el este corect sau greșit, evoluat sau anacronic.

Gânsenitate. O astfel de atitudine caracterizează uniunea perfectă dintre afectivitate și discernământ în microuniversul conștiinței intrafizice sau, mai bine spus, echilibrul perfect între gân(d) și sen(timent+energie) în cadrul gânsenității lucide a acțiunilor interconștiențiale.

Conflictele. Odată cu înțelegerea acestei conduite cosmoetice, conștiința intrafizică nu mai suferă din cauza următoarelor 3 tipuri de conflicte:

1. **Acceptare.** Acceptarea celorlalte persoane.
2. **Susceptibilități.** Cultivarea lipsei de afecțiune, a lamentării și susceptibilităților.
3. **Răzbunare.** Menținerea ideii de invidie și a dorinței de răzbunare.

Lipsa de civism. În general, în cazul disidențelor, modul în care se manifestă dezacordul este cel care provoacă neînțelegeri, dacă acesta este bazat pe incisivitate, lipsă de educație și de experiență evolutivă.

Separare. De multe ori, este foarte dificil ca o conștiință intrafizică needucată să mențină un nivel al spiritului de echipă adecvat obținerii unui randament corespunzător în munca de grup.

Lipsă de educație. În aceste cazuri de lipsă de educație, este mult mai bine și pentru cel care pleacă și pentru cel care rămâne, ca persoana dislocată să se retragă.

Ajutor. Astfel, putem concluziona că disidența nu este întotdeauna negativă, chiar dimpotrivă, poate servi, în multe situații, ca ajutor providențial în continuarea muncii susținute de diseminare a adevărurilor relative de vârf aflate în progres.

Putem să trăim în dezacord cu o conștiință intrafizică și în același timp să cooperăm și să învățăm mult de la ea.

Binom. *Binomul admirație-dezacord* caracterizează starea unei conștiințe mature, din punctul de vedere al evoluției conștieniale, care deja știe să trăiască într-o coexistență pașnică alături de altă conștiință intrafizică, pe care o iubește și o admiră, dar cu ale cărei puncte de vedere, opinii și luări de poziție nu este întotdeauna 100% de acord.

Ambiguitate. În acest binom admirație-dezacord se manifestă *ambiguitatea cosmoetică* a *uniunii inteligente dintre contrarii*, o deschidere firească și avansată pentru experimentarea universalismului și a maxifraternității.

Discriminare. Nu putem trăi cu holomaturitate, discriminând în mod radical alte conștiințe intrafizice, preserenissime, încă la fel de imperfecte ca și noi, fiind *întotdeauna* 100% de acord cu anumite persoane și 100% împotriva altora.

Infantilism. Această atitudine caracterizează disidența extremă și definitivă, intransigentă și lipsită de universalism, în sensul discursului categoric al regresiei infantile: „Dacă nu te joci cum vreau eu, eu nu mă mai joc deloc."

Admirație. O conștiință intrafizică cu o mare înțelegere fraternă pentru o persoană pe care o iubește și o admiră îi poate impune acesteia restricții directe și loiale și poate să nu fie de acord întotdeauna cu ea, fără a implica vreun fel de ambiguitate falsă și anticosmoetică sau de *murism*.

Cercetare. Procesele de dezbatere, de cercetare, de respingere și de studiu rațional al conștientologiei – adevărurile relative de vârf – necesită din partea conștientologului un mod rafinat de a experimenta *coexistența pașnică* a binomului admirație-dezacord.

Instituție. În procesele de disidență ideologică din instituțiile conștientocentrice, unde se lucrează pentru identificarea adevărurilor relative de vârf, a sarcinilor de clarificare și a polikarmității, este important să fie luate în considerare 2 tipuri de disidențe:

A. **Individuale**. Disidențe individuale.

B. **De grup**. Disidențe de grup.

ÎN CATEGORIA DISIDENȚEI INDIVIDUALE SE ÎNCADEAZĂ DISIDENTUL PROFESIONIST, ANTICOSMOETIC, MERCANTIL ȘI FĂRĂ SPIRIT DE ECHIPĂ.

Spion. Disidentul profesionist se apropie și interacționează cu o instituție științifică, în stilul unui spion industrial, având ca unic obiectiv să afle și să își însușească programele și tehnicile și apoi să le utilizeze și să le adapteze în stilul lui, în propria instituție, în care totul trebuie să plece de la persoana sa și să graviteze în jurul *egoului său exacerbat* (maxipiesă), ajungând să disprețuiască și să concureze cu instituția-mamă, *mânjind farfuria din care a mâncat*.

Consecințe. *Disidențele de grup* pot genera atât miniproexisuri și maxiproexisuri individuale sau de grup, cât și antiproexisuri și incomplexisuri individuale sau de grup, care vizează inseparabilitatea grupului karmic.

Categorii. Disidența comună poate fi clasificată în cel puțin trei categorii.

A. **Căsătorie.** Soțul se hotărăște să părăsească echipa și soția îl urmează sau invers.

B. **Descendenți.** Fiul sau fiica părăsește grupul și unul sau ambii părinți îl urmează.

C. **Societate.** O persoană se asociază cu alta cu scopul de a forma o societate și ambii parteneri se retrag.

Calificarea. Putem clasifica, în continuare, disidența în alte două categorii, în funcție de extindere și de calificare: în mini și maxi disidență.

A. **Minidisidența.** Minidisidența este provocată de *limitarea* conștiinței intrafizice, în sensul acceptării și experimentării adevărurilor relative de vârf, evidențiind o incapacitate sau o incompetență personală. Aceasta este disidența în sens restrâns.

B. **Maxidisidența.** Maxidisidența este generată de o *renovare majoră* a propriei conștiințe intrafizice, care se află dincolo de nivelul mediu de evoluție a echipei evolutive din care face parte. Aceasta este disidența ideologică în sens larg.

Persoana care stă singură și se autoizolează pentru că așa dorește practică cel puțin un viciu de omisiune.

Revenire. Revenirea ideologică o implică pe acea conștiință intrafizică, bărbat sau femeie, fostă minidisidentă ideologică, care își reia starea de activist, de militant sau de colaborator, experimentează un ansamblu de adevăruri relative de vârf, într-o echipă de susținători ai unei instituții conștientocentrice, cu scopul de a-și recupera funcțiile și de a se întoarce la munca sa proprie privind sarcinile de clarificare, gestațiile conștiențiale sau programul existențial, pe care le-a abandonat la jumătatea drumului.

20. PROEXISUL ȘI MINIDISIDENȚELE

Limită. Minidisidența dintr-o echipă de lucru evidențiază limita maximă a ceea ce conștiința intrafizică poate realiza în contextul uman curent, privind programul ei existențial sau *mini*programul existențial.

Presiune. În acest context, personalitatea umană nu are capacitatea de a suporta presiunea experimentării ansamblului de idei noi și de renovări reciclatoare din viața ei.

Egocentrism. Un exemplu de minidisidență, generată de cosmoetică, ar fi cea prin care unei conștiințe intrafizice, încă egocentrice, infantile din punct de vedere evolutiv, i se cere să trăiască având spirit de echipă.

Minimecanism. Această conștiință intrafizică egocentrică, tulburată de propriul ombilic, face din ea însăși o echipă proprie – o maxipiesă sau un minimecanism – și, pentru că nu suportă renovarea, se îndepărtează cu scopul de a-și cultiva propriul ego.

MINIDISIDENȚA IDEOLOGICĂ POATE FI REGRESIVĂ SAU AUTOMIMETICĂ ȘI STAȚIONARĂ SAU STAGNANTĂ.

Sindrom. Minidisidența *regresivă* îi afectează pe deținătorii *sindromului Swedenborg*, care părăsesc calea rațională, științifică sau mentalsomatică, pentru a îmbrățișa o sarcină mistică, restricționată de subcreierul abdominal.

Respirație. Minidisidența *staționară* caracterizează individul care părăsește o echipă de cercetători ai adevărurilor relative de vârf, pentru a realiza, exersa și a se acomoda numai cu ceea ce a reușit să înțeleagă, să asimileze și să susțină până în acel moment, în limitele puterii respirației sale evolutive și a propriului personalism.

Sarcină de clarificare. Un exemplu de maxidisidență este părăsirea conștientă și sănătoasă de către conștiința intrafizică a cadrului componentelor sarcinilor sectariene de consolare (tacon), pentru a-și îndrepta eforturile către o altă echipă, cu sarcini universaliste de clarificare (tares), în vederea executării unui *maxi*program existențial.

Progres. Prin maxidisidența ideologică, întotdeauna progresivă și evolutivă, conștiința intrafizică dorește să practice adevăruri relative de vârf.

Realități. Realitățile de vârf sunt întotdeauna contestabile și efemere, nepermițându-i conștiinței intrafizice să regreseze sau să staționeze pe un anumit sector al drumului său evolutiv, dacă ea nu își dorește acest lucru.

Autocorupție. Disidentul se separă printr-o delimitare bine definită și specifică de la caz la caz, de executarea sarcinilor de clarificare în grup, aproape întotdeauna pentru a nu trebui să înfrunte și să eradice vechea sa corupție anticosmoetică.

Intersecție. Disidentul sănătos, cu un maxiprogram existențial, își alege o altă direcție în momentul în care se află la o răscruce a vieții sale intrafizice leneșe și lipsite de preocupări, preferând viața multidimensională laborioasă și organizată.

MINIDISIDENȚII CARE CAD ÎN VECHILE MIMETISME AUTODISPENSABILE SE FOSILIZEAZĂ ÎN INCOMPLETISMUL EXISTENȚIAL.

Conștientocentrism. Cu cât o instituție conștientocentrică este mai corectă, cu atât cei doi factori antagonici care îi privesc pe colaborator și pe minidisident sunt mai accentuați:

A. Colaborator. Este foarte ușor de întâlnit un colaborator bolnav.

B. Minidisident. Este foarte dificil de găsit un minidisident relativ sănătos.

Confruntări. Haideți să încercăm să stabilim didactic confruntarea dintre cele două contrarii:

Maximecanism. Caracteristicile sau trăsăturile profilului unui colaborator sănătos:

A. Integrare. Caută integrarea adevărurilor relative de vârf.

B. Polikarmă. Exprimă un ego predominant polikarmic.

C. Minipiesă. Se transformă în *mini*piesă (cog) a unui maximecanism asistențial.

D. Asistențialitate. Manifestă predispoziții pentru a fi un *helper intrafizic*.

E. Cosmoetica. Experimentează sincer cosmoetica pe frontul serviciului asistenţial.

F. Grupalitate. Îşi foloseşte în mod autentic spiritul de echipă, în cadrul unui *program existenţial bine administrat*.

Minimecanism. Caracteristicile şi trăsăturile profilului unui minidisident bolnav:

A. Limitare. Este predominant egokarmic, partizan al adevărurilor relative de vârf limitate de propriile dorinţe (apriorism, idei preconcepute).

B. Egokarmalitate. Evidenţiază un *ego* exacerbat, egal sau mai mare cu cel al tuturor celorlalte egouri componente ale echipei.

C. Maxipiesă. Se transformă într-o *maxi*piesă dintr-un minimecanism asistenţial.

D. Intrudabilitate. Manifestă predispoziţii pentru a fi un intruder intrafizic.

E. Anticosmoetică. Trăieşte disimulat, în mod anticosmoetic, căutând *o viaţă în liniştea deşertului*.

F. Ectopie. Dezvoltă experimentarea personalismului exaltat, în cadrul unui program existenţial ectopic.

COSMOETICA NU LIMITEAZĂ ACŢIUNILE JUSTE ŞI CORECTE. CELE MAI LIBERE CONŞTIINŢE SUNT SCLAVELE COSMOETICII.

21. TRIPLA ÎNZESTARE CONȘTIENȚIALĂ

Definiție. *Tripla înzestrare intraconștiențială* reprezintă calitatea de a aduce împreună trei talente foarte utile unui conștientolog: intelectualitatea, parapsihicul și comunicabilitatea (în această ordine).

Sinonime. O expresie sinonimă cu tripla înzestrare intraconștiențială este *tridotarea conștiențială*.

> ## FIECARE PERSOANĂ DEȚINE CEL PUȚIN 11 TIPURI DE INTELIGENȚĂ, SUSCEPTIBILE DE A FI DEZVOLTATE ÎN TIMPUL VIEȚII SALE PE PĂMÂNT.

Tipuri. Iată cele 11 tipuri de bază ale inteligenței ființei umane:
1. Comunicativă.
2. Contextuală.
3. Corporală.
4. Experimentală.
5. Internă.
6. Lingvistică.
7. Logică.
8. Muzicală.
9. Parapsihică.
10. Personală.
11. Spațială.

Atitudini. Fiecare personalitate lucidă trebuie să caute, să identifice și să își dezvolte trăsăturile puternice și, în egală măsură, acele tipuri de inteligență apte a fi puse în funcțiune pentru executarea programului existențial.

Sterilitate. În viața umană, există conștiințe sterile, care nu dezvoltă niciun talent și trăiesc o viață foarte confortabilă și mulțumitoare, în mediocritate evolutivă, precum niște roboți satisfăcuți de *robotizarea existențială (robexis)*.

Robotizarea existențială. O programare existențială anterioară, instinctivă și inconștientă, lipsită de un program existențial lucid, transformă o conștiință intrafizică vulgară într-un fel de animal sau robot evolutiv.

Evoluțiologia. Victima robotizării existențiale își ignoră nivelul conștiențial evolutiv și nu este conștientă de detaliile și planurile din fișa evolutivă, realizate împreună cu orientatorul evolutiv și cu evoluțiologul.

Precaritate. Din păcate, această stare precară de robotizare existențială încă predomină umanitatea, adică cele 6 miliarde de ființe umane (anul de referință: 2000)

Majoritatea cetățenilor încă manifestă un singur talent notabil, fiind doar monoînzestrați conștiențial.

Figuri. Multe persoane monoînzestrate, care și-au dezvoltat doar un singur tip de inteligență, au dobândit foarte multă notorietate, unele dintre ele devenind figuri foarte cunoscute sau chiar giganți ai Istoriei Umanității.

Tripla înzestrare. Totuși, alții caută să își dezvolte mai multe talente înnăscute și inerente ale sinelui, care sunt bazate pe polivalența multimilenară și paragenetică, reușind să atingă chiar tripla înzestrare conștiențială.

Colaboratori. Institutul Internațional de Proiectologie și Conștientologie nu contenește să caute, să identifice și să convoace, pentru a-i deveni colaboratori, personalități cu potențiale super-înzestrări, capabile să își manifeste simultan chiar 3 tipuri de inteligențe.

Conștiință. În toți anii de funcționare, IIPC a căutat să identifice *conștiințe triplu-înzestrate*, deoarece acestea sunt cele mai în măsură să gestioneze departamentele administrative, de predare, itinerante și de cercetare a conștiinței în sine.

Evoluție. La nivelurile evolutive actuale, există trei forme de inteligență, mai practice pentru dinamica evoluției conștiințelor noastre, care formează tripla înzestrare spre care tindem: intelectualitatea sau inteligența internă, parapsihismul și comunicabilitatea.

Care sunt tipurile cele mai dezvoltate de inteligență pe care știți că le dețineți? Care este cea mai pregnantă inteligență a voastră?

22. INTELECTUALITATEA ÎN PROGRAMUL EXISTENȚIAL

NICIO FORMĂ A EDUCAȚIEI UMANE NU ESTE COMPLETĂ FĂRĂ AUTOCONȘTIENTIZAREA PLENARĂ A SCOPURILOR PRIORITARE ALE PROGRAMULUI EXISTENȚIAL PERSONAL.

Esențial. Un intelect superior nu este suficient. Care este valoarea sclipirii intelectuale a unei conștiințe intrafizice care eșuează dezastruos în ceea ce privește esența propriei evoluții? Merită Premiul Nobel o persoană care inventează bombe?

Variabile. În dezvoltarea intelectului și în investițiile serioase în cultura personală, generală și multidisciplinară, nu putem să neglijăm abordarea inteligentă a următoarelor 8 variabile ale personalității:

A. **Cariera.** Cariera profesională.
B. **Diploma.** O diplomă formală.
C. **Poliglotismul.** Poliglotismul.
D. **Autodidactismul.** Autoeducația.
E. **Biblioteca.** Biblioteca personală.
F. **Autocritica.** Autocritica permanentă.
G. **Heterocritica.** Heterocritica cosmoetică.
H. **Artefactele.** Artefactele esențiale ale cunoașterii.

Universitate. Pentru tinerii atenți la invexis și la proexis, viața universitară este un ritual de trecere de la o stare intrafizică tranzitorie la alta, de majoră maturitate conștiențială intrafizică

Cercetare. În facultate, tinerii încearcă să învețe și să înțeleagă, să studieze o metodă de studiu și să își amplifice propriul dicționar cerebral, cu scopul de a-și accesa holomemoria și de a-și descoperi invențiile, prin cercetarea ideilor originale.

Carieră. În primul rând, un student va căuta să obțină o diplomă pentru a-și putea atesta o carieră și a fi un profesionist competent.

Corporatism. Este foarte inteligent ca un tânăr care studiază conștiința să nu se expună foarte mult, pentru a nu-și crea probleme și pentru a nu se angaja profund în mișcările superficiale și tranzitorii, care decurg din hologânsena universitară.

Seducție. Astfel de mișcări ajung să îl seducă și să îl învăluie pe tânărul promițător, în încercarea lui inutilă de a renova irenovabilul din aspectele stratificate din politică, filosofie și corporatismul orb dintr-o universitate convențională.

Conștiențialitate. Mentalitatea și conștiențialitatea tinerilor trebuie să depășească această perioadă de școlarizare formală, necesară pentru pregătirea executării unui program existențial la un nivel cât mai avansat, dincolo de orice preocupare de a face prozelitism sau de a-i convinge pe noii lor prieteni.

Paradigme. Pentru un student, apărarea schimbărilor de paradigmă devine secundară, din cauza relațiilor cu profesioniști limitați sau fosilizați.

Diplomă. Acest aspect trebuie să fie dezvoltat cu dedicare, după ce tânărul este format, are diploma în mână și deține o autoritate profesională cucerită prin experiență sau prin ceea ce a realizat în profesia sa.

ȘTIINȚA PROGRESEAZĂ TOCMAI PRIN FAPTUL CĂ NU ESTE CONVINSĂ DE NIMIC, NU ESTE MULȚUMITĂ DE SINE ȘI SE RECREEAZĂ ÎN MOD CONSTANT.

Stigmate. În programul existențial este important să fie luată în considerare școlarizarea formală, având în vedere 2 stigmate posibil a fi generate de o universitate oficială, care trebuie evitate.

A. Renunțarea. Retragerea de la un curs de bază deja început, de la examenul de admitere sau în mijlocul creditelor universitare duce la pierderea unor oportunități pentru tot restul vieții umane, creând un stigmat de inferioritate și ineficiență.

B. Superioritate. Conștiința intrafizică posesoare a unei diplome poate fi stigmatizată de superioritatea intrafizică pragmatică dată de statutul profesional și de starea economică, în raport cu starea evolutivă a conștiențialității, a sarcinilor de clarificare și a polikarmei.

Autoeducație. Alături de toate considerentele precedente, ceea ce contează cel mai mult este autodidactismul executorului programului existențial, manifestat neîntrerupt în timpul vieții umane, cu hotărârea de a se menține la curent cu teopractica privind cunoștințele avansate din domeniul său.

Lecturi. Autodidactismul implică menținerea neîntreruptă a cercetărilor și a lecturilor selective, multidiversificate, timp de mai multe decenii.

Poliglotism. Din perspectiva intelectualității și a programului existențial, conștiința intrafizică ar fi ideal să cunoască cel puțin două limbi străine, în afară de limba sa maternă.

Limbă. Ar trebui să optăm să fim universali și poligloți, fără a ignora să ne cultivăm limba maternă.

Dicționar. Vom avea întotdeauna un dicționar cerebral mai bogat, mai corect și mai dinamic în limba noastră maternă, ca rezultat al geneticii și al Mezologiei, care acționează în microuniversul nostru conștiențial.

Bibliotecă. Biblioteca este locul în care o persoană *grăbită*, obișnuită își *pierde* timpul.

Există cărți de o zi scrise pentru librării și există cărți de un secol scrise pentru a fi consultate în biblioteci.

Abnegație. Sinceritatea, autenticitatea, modestia și abnegația sunt cele mai simple și mai inteligente condiții care îi permit conștiinței să evolueze și să își îndeplinească programul existențial.

Conduită. Există o conduită cosmoetică fundamentală, care reglează principiile preliminare ale megafraternității: *nu permite să fii manipulat și nu manipula*.

Critică. Cunoașterea poate evolua grație criticii sau, mai bine spus, prin autocritică și heterocritică.

Autocritică. Autocritica îi permite conștiinței intrafizice să elimine autocorupția și relele intenții din existența ei și să pună astfel bazele ferme ale executării adecvate a programului existențial.

Rele intenții. Relele intenții, *dorința de a prejudicia pe cineva*, actele conștiente de autocorupție și cele anticosmoetice aduc cel puțin 5 presiuni holokarmice, în următoarea ordine cronologică:

A. **Suspiciune**: remușcare, egokarmă.

B. **Bârfă**: diferite tipuri de heterocritică.

C. **Opinie publică**: persecutare, accidente parapsihice.

D. **Acuzații**: conștientizări, melancolie intrafizică.

E. Justiție: ispășire, karmă de grup.

Heterocritică. Valoarea muncii conștientologului cu adevărurile relative de vârf poate fi măsurată în funcție de frecvența și cantitatea heterocriticii pe care acesta o primește.

> **O HETEROCRITICĂ SINCERĂ (INCISIVĂ) ESTE MAI VALOROASĂ PENTRU EVOLUȚIA CONȘTIENȚIALĂ DECÂT 1000 DE ELOGII (CARE SE EVAPORĂ).**

Neosinapse. Diminuarea heterocriticii arată faptul că acea persoană nu creează și nici nu diseminează idei noi, capabile să genereze noi sinapse evolutive, libertariene.

Creștere. Absența heterocriticii nu generează crize de creștere, manifestate prin stresul sănătos de autoapărare ideologică a conștiințelor-țintă, predispuse.

Artefactele. Dintre multiplele artefacte ale cunoașterii sau dintre uneltele mentalsomatice pe care le deține executorul programului existențial, putem sublinia 12 categorii:

A. Cărțile în general.
B. Dischetele, CD-rom-urile, software-urile.
C. Agenda personală.
D. Jurnalul de experiențe.
E. Cărțile de referință.
F. Dicționarele în general.
G. Enciclopediile în general.
H. Periodicele (ziare, reviste).
I. Decupajele (tăierile din reviste, reportajele, *clipping, clipper*).
J. E-mailul-ul, internetul, *Homepage*.
K Multimedia.
L. Fișierele din computerul personal.

> **DE MULTE ORI, O CARTE DE REFERINȚĂ VALOREAZĂ SINGURĂ CÂT UN RAFT PLIN CU CĂRȚI DINTR-O BIBLIOTECĂ.**

Dicționar. Dicționarul analog de idei înrudite suplinește lipsurile determinate de hipomnezie sau de memoria slabă. Este ideal să ne facem un obicei din a consulta unul cu regularitate în munca noastră intelectuală.

Biomemorie. Dicționarul analog ajută la menținerea atributelor mentalsomatice, o anexă sau o opțiune periferică a biomemoriei – memoria restricționată a cerebelului.

Tineri. Toate dicționarele ar trebui emfatic dedicate, în primul rând, tinerilor.

Mini-vocabular. Memoria cerebrală a tinerilor de ambele sexe cuprinde mai puține unități lexicale, așadar doar un mini-vocabular.

Rezervă. Este ideal pentru o conștiință intrafizică să dețină o rezervă de potențial al conștiinței ei (microunivers conștiențial), cu scopul de a menține homeostaza holosomatică.

Prevenire. O rezervă oportună de potențial mentalsomatic evită stresul mental, surmenajul, căderile nervoase, blocajele și dezechilibrele bioenergetice.

Procentaj. În executarea programului existențial, este recomandată utilizarea cu până la 90% a atributelor conștiențiale. Este de asemenea important de știut cum să utilizați atributele personale și cum să vă jucați permanent cu ceea ce dețineți.

Atribute. Atributele conștiențiale menționate aici sunt elaborate prin utilizarea gândurilor, a memoriei, a imaginației, a judecății critice, a asocierii și a comparării ideilor.

DIN PERSPECTIVA PROEXOLOGIEI, SCLAVII ORTODOXIEI FOARTE ÎN VOGĂ ÎN PREZENT SAU AI ALTOR MOFTURI ALE SOCIETĂȚII INTRAFIZICE NU POT EVOLUA.

23. MENTALSOMATICA

Definiție. Mentalsomatica (*mental+soma+atica*) este domeniu specializat al Conștientologiei, care studiază mentalsoma, paracorpul discernământului.

Maxiproexis. Intelectul (mentalsomatica) este primordial în viața modernă și mai ales în executarea programului existențial al oricărei conștiințe, cu precădere atunci când individul dezvoltă un maxiprogram existențial.

TRINOMUL RAȚIONALITATE-DISCERNĂMÂNT-HOLOMATURITATE EXPRIMĂ HOMEOSTAZA ÎN UTILIZAREA MENTALSOMEI.

Platformă. Trinomul mentalsomei reprezintă platforma ideală care poate fundamenta deciziile majore, cronograma și executarea de către conștiința intrafizică a programului existențial, ceea ce îi deschide drumul spre completismul existențial și spre moratoriul existențial.

Perioade. Dezvoltarea mentalsomatică personală, în timpul vieții intrafizice, se împarte în două perioade cronologice, distincte și inevitabile.

A. **Însămânțarea.** Achizițiile intelectuale sau însămânțarea mentalsomatică.

B. **Recoltarea.** *Recolta intelectuală* sau culesul mentalsomatic.

Însămânțare. În primul rând, o conștiință intrafizică tânără (restricții conștiențiale) lucrează (însămânțează), în faza pregătitoare a programului existențial, pentru a face achiziții, cu doar 10% din cunoașterea proprie (paragenetică, idei înnăscute, potențial).

Holoteca. În acest caz, un tânăr utilizează 90% din holoteca proprie, încă în formare, pe care el încearcă să o compună cu perseverență, transferându-și zilnic în ea descoperirile și cercetările, pentru a le fixa în mentalsoma.

Culesul. După zeci de ani de investiții culturale importante, în faza de execuție a programului existențial, conștiința intrafizică matură (hiperacuitate) ajunge să culeagă roadele muncii sale intelectuale, folosindu-se de 90% din resurse (memoria intrafizică, dicționarul cerebral, holomemoria, asocierea de idei).

Artefacte. În faza de achiziție, individul matur utilizează numai 10% din holoteca formată din mii de *artefacte ale cunoașterii*, care au fost deja transferate în mentalsoma și care sunt aproape indispensabile.

Luciditate. În acest context, pentru conștiințele intrafizice lucide se manifestă raportul dintre invexis și penta, în două forme:

A. Inversiunea existențială. Achizițiile intelectuale, investiția în sine, aparțin perioadei intrafizice dominate de inversiunea existențială.

B. Penta. *Recolta* intelectuală și culesul în favoarea altora aparțin perioadei intrafizice dominate de penta.

Trăsături puternice. După îndeplinirea tuturor condițiilor menționate mai sus, este important să fie luată în considerare achiziția naturală a următoarelor 4 trăsături puternice:

A. Sintetizare. Capacitate rezonabilă de sintetizare intelectuală.

B. Euristică[18]**.** Dezvoltarea simțului euristic al originalității

C. Curiozitate. Curiozitatea sănătoasă, caracteristică științei.

D. Pitoresc. Sentimentul de pitoresc.

Toate doctrinele umane scizioniste, fără excepție, sunt gulere ale egoului care impun mentalsomei cămăși de forță.

---

[18] Euristică – ansamblul metodelor folosite pentru descoperirea unor noi informații; n.tr.

24. PARAPSIHISMUL ÎN PROEXIS

Parapercepții. Într-un anumit grad, toate persoanele dețin percepții energetice și parapsihice sau parapercepții. Parapercepțiile pot fi dezvoltate conștient și voluntar, în mod nelimitat.

Instrument. Când este dezvoltat într-o manieră sănătoasă, parapsihismul se comportă ca un instrument de susținere, care ajută individul în progresul intra și extrafizic, inclusiv în executarea oricărui tip de program existențial.

Trecutul. Dacă în viața curentă, o conștiință intrafizică se simte realizată din perspectiva programului ei existențial, ei nu îi vor face plăcere detaliile despre viața ei anterioară, pe care le cunoaște, și le amintește și are posibilitatea de a le cerceta prin retrocogniții, deoarece atunci a trăit experiențe în dezacord cu ea, cea de astăzi.

Prioritate. Este foarte important să acordăm prioritate celor mai bune și mai actuale aspecte de pe drumul nostru evolutiv.

Abordări. În dezvoltarea parapsihismului, nu putem neglija abordarea următoarelor 4 variabile fundamentale:

1. **S.V.** Starea vibrațională.
2. **Cosmoetica.**
3. **Dezintruziunea.** Starea de a fi liber de orice intruziune.
4. **Penta.** Practicarea zilnică a Penta.

> **STAREA VIBRAȚIONALĂ ESTE TEHNICA DE DINAMIZARE PUTERNCĂ A ENERGIILOR HOLOCHAKREI, PRIN IMPULSUL VOINȚEI.**

Cosmoetică. Cosmoetica (*cosmo+etica*) este etica sau reflecția privind morala cosmică, multidimensională, care definește holomaturitatea conștiențială; cosmoetica se situează dincolo de morala socială și intrafizică, de orice etichetă morală.

> **CÂND NE REFERIM LA DEZINTRUZIUNEA INTERCONȘTIENȚIALĂ TREBUIE SĂ ABORDĂM ATÂT AUTODEZINTRUZIUNEA, CÂT ȘI HETERODEZINTRUZIUNEA.**

Penta. Penta este sarcina energetică personală zilnică, multidimensională, care implică asistența permanentă a helperilor și transmiterea tehnică a energiilor conștiențiale (E.C.) de către o conștiință intrafizică umană direct către conștiințe extrafizice sau către conștiințe proiectate.

Clauze. Practica penta presupune o disciplină superioară, fiind executată în stare de veghe fizică obișnuită, fără martori intrafizici.

Mega-provocare. Cel mai provocator aspect al practicii penta este că aceasta se realizează pentru tot restul vieții practicantului.

Asistență. Prin asistența acordată celorlalți, conștiința intrafizică poate regla bazele de susținere ale îndeplinirii clauzelor programului ei existențial, indiferent de natura acestuia.

Profilaxie. Există anumite talente ideale pe care conștiința le poate folosi pentru a rezista accidentelor de parcurs, intruziunilor conștiențiale și stigmatelor intruzive, care survin inevitabil în societatea intrafizică încă patologică.

Trăsături puternice. Enumerăm, în continuare, 6 trăsături puternice, specifice practicării parapsihismului asistențial, comunicativ și permanent:

A. Veteranul. Practicarea penta de către o persoană – bărbat sau femeie – matură și veterană.

B. Universalismul. Temperamentul care îi permite conștiinței intrafizice să trăiască fără a face deosebiri între oameni, în spirit universalist, fără spirit autocratic.

C. Sănătatea. Să se bucure de o stare de sănătate relativ prelungită.

D. Familia. Să dispună de o condiție familială adecvată, cu o relativă independență personală.

E. Afectivitatea. Să mențină o viață sexualo-afectivă stabilă, monogamă, lipsită de deficiențe cronice.

F. Educația. Să nu depindă de studiile formale sau universitare, încă în desfășurare.

> **EXISTĂ UN MOMENT CRITIC ÎN CARE INTRUZIUNEA DEVINE DE NESUPORTAT, IAR INTRUDERUL ÎNCETEAZĂ PRACTICILE ANTICOSMOETICE.**

25. ENERGIILE CONȘTIENȚIALE

Definiție. *Holochakra* (*holo-chakra*) reprezintă paracorpul energetic al conștiinței intrafizice.

Sinonimie. Următoarele 3 expresii sunt echivalente cu holochakra:
A. *Paracorp bioplasmic.*
B. *Contracorp.*
C. *Paracorp energetic.*

ÎNȚELEGEREA ȘI ADMINISTRAREA LUCIDIDĂ A HOLOCHAKREI TREBUIE SĂ FIE O PRIORITATE LA NIVELUL EVOLUTIV CURENT.

Energie. Energia conștiențială (E.C.) este energia imanentă, pe care o utilizează conștiința în manifestările ei generale.

Ene. Energia conștiențială reprezintă componenta *ene* din gâns*ene*.

Flexibilitate. Energia conștiențială deține caracteristici, pe care conștiința intrafizică trebuie să le identifice foarte bine, pentru a putea dezvolta cât mai bine flexibilitatea holochakrei sale.

Caracteristici. Urmează 10 categorii de energii conștiențiale, în funcție de caracteristicile lor specifice:

- **A. Sursa:** voința, conștientizarea, hotărârea, originea fluxului.
- **B. Potențialul:** intensitatea, presiunea și măiestrirea inteligentă a energiilor combinate.
- **C. Ritmul:** fluxul intermitent, fluxul continuu.
- **D. Dinamica:** mișcarea, instabilitatea fluxului, viteza fluxului.
- **E. Direcția:** percepția, transmiterea direcționată, recepția direcționată.
- **F. Obiectul:** persoana, îngrijirea, ostilitatea, agresivitatea.
- **G. Ținta:** locul specific, organul vizat.
- **H. Calitatea:** agreabil, dezagreabil, sănătos, bolnav, vindecător, cauzator de boală, defensiv, ofensiv.
- **I. Luciditatea:** inconștient, semiconștient, conștient.
- **J. Livrare:** intermitentă, continuă (mamă-fetus).

Conștientizare. Conștientizarea metodologiei, clasificarea și tipurile de utilizare a energiilor conștiențiale ajută considerabil la îmbunătățirea asistenței intra și extrafizice pe care trebuie să o oferim altor conștiințe, în timpul desfășurării programelor noastre existențiale.

Bioenergetică. Conform bioenergeticii, în funcție de energiile conștiențiale sau personale, conștiințele intrafizice pot fi clasificate în 6 categorii, în funcție de donarea și de recepția fluxului energetic:

A. Echilibru. Donatori pozitivi, echilibrați (sănătos).
B. Dezechilibru. Donatori negativi, decompensați.
C. Vampirizare. Receptori negativi, vampirizați.
D. Blocaje. Receptori pozitivi, blocați.
E. Egoism. Defensive închise, egoiste.
F. Inconștiență. Neutralizatori inconștienți.

Sănătatea. După cum se observă, numai prima categorie este rezonabil de sănătoasă. Toate celelalte prezintă câte o restricție, care uneori poate fi neperceptibilă și nedetectabilă, din punctul de vedere al echilibrului conștiențial.

Nimeni nu știe exact când va avea nevoie să acceseze o sursă energetică interdimensională de urgență.

Școlarizare. O persoană analfabetă poate fi un bun artizan și poate executa competent o sarcină manuală.

O conștiință intrafizică puțin instruită poate accesa propriile energii conștiențiale, chiar dacă deține o cunoaștere limitată.

Spațiu-timp. Strict vorbind, energia conștiențială nu este influențată de factorii de spațiu și timp sau mai bine spus de spațiu-timp.

Condiționări. Așadar, reacțiile psihologiei personale, reprimările și condiționările noastre ne influențează experiențele cu energiile.

Pierderi. Neutilizarea energiei conștiențiale este echivalentă cu pierderea timpului și a oportunităților pe lângă care am trecut.

Disciplină. Este potrivit ca o conștiință să se organizeze foarte bine și să își disciplineze energiile, cu intenția de le aplica mai util în viitor.

Primener. Primăvara energetică (*prim+ener*) este o stare personală, mai mult sau mai puțin durabilă, de apogeu a energiilor conștiențiale sănătoase și constructive.

Duo. *Primăvara energetică a unui cuplu* este primăvara energetică a duoului evolutiv, în care partenerii se iubesc sincer și stăpânesc aplicarea energiilor conștiențiale sănătoase, cu deplină luciditate.

Dinamizare. Primăvara energetică a unui cuplu dinamizează executarea programelor existențiale ale celor doi parteneri, care formează un duo evolutiv, prin gestațiile conștiențiale ale ambilor.

Penta. Dacă un practicant penta novice își exteriorizează energiile conștiențiale de 25 de ori pe minut, timp de 50 de minute, el va realiza un minim de 1100 de externalizări pe zi.

Deceniu. Prin continuarea acestei sarcini timp îndelungat, practicantul va ajunge la un total de 33000 de externalizări pe lună, 372.000 pe an și 3.720.000 într-un deceniu.

Soma. Acest fapt ilustrează faptul că soma este o mașină puternică de exteriorizare a energiilor profilactice și terapeutice. Acest fapt ajută enorm la executarea oricărui tip de program existențial.

Haideți să ne donăm energia conștiențială ca și cum am vărsa un pahar cu apă într-un ocean; să contribuim întotdeauna cu o cantitate oricât de mică.

26. COMUNICABILITATEA ÎN PROEXIS

FĂRĂ COMUNICARE INTERCONȘTIENȚIALĂ, EVOLUȚIA CONȘTIINȚEI NU ESTE POSIBILĂ.

Eră. Trăim în prezent în era comunicării interconștiențiale, care nu seamănă cu nicio altă epocă sau societate în care au trăit anterior ființele umane, în istoria umanității.

Fosilizare. Cei care nu comunică se fosilizează în propria egocentricitate (egokarma), indiferent de domeniul investigațiilor umane în care activează.

Complexitate. Îndeplinirea oricărui program existențial devine nerealizabilă fără comunicabilitate, care prezintă aspecte din zi în zi tot mai complexe.

Modalități. Extinderea comunicabilității conștiinței intrafizice se poate realiza prin următoarele 4 modalități:

1. Scrierea. În scris nu pot fi neglijate imaginea, discursul, eseul, lucrările intelectuale, care toate astăzi sunt realizate folosind *notebook*-ul, laptopul sau agenda electronică personală.

2. Vorbirea. În vorbire, este important să iasă în evidență căldura, colocvialismul, elocvența și retorica.

3. Bioenergetică. În bioenergetică, este important să luăm în considerare clasa, nevoile energetice și autoapărarea conștiențială.

4. Parapsihismul. În parapsihism, ies în evidență pangrafia și proiectabilitatea lucidă.

Știință. Care este cea mai importantă calitate care să ne conducă programul existențial: exercițiul comunicării prin artă sau exercițiul comunicării prin știință?

Artă. În general, o operă de artă, indiferent de zonă – arte plastice, cinema, fotografie, literatură, muzică, teatru sau televiziune – poate ușor fi o fugă a conștiinței intrafizice de executarea programului său existențial real, mult mai solicitant și mai laborios.

PENTRU O CONȘTIINȚĂ INTRAFIZICĂ, ARTA POATE REPREZENTA UN AUTOMIMETISM DISPENSABIL ȘI UN AUTORELEU ECTOPIC.

Utilizarea. Același efort și timp, aceleași energii și gânsene pe care le investim în mesajele artistice por fi mult mai bine folosite și pot oferi rezultate mai productive pentru accelerarea noastră evolutivă, dacă sunt folosite pentru cercetarea științifică.

27. PROIECTABILITATEA COMUNICATIVĂ

Stări. Anumite stări modificate de conștiință, inclusiv retrocognițiile sănătoase, pot oferi indicații precise și prețioase, care îi permit conștiinței intrafizice să identifice, să descopere detaliile programului său existențial și să își amplifice comunicabilitatea interconștiențială.

TEOPRACTICA PROIECTOLOGIEI ESTE O EXTRAORDINARĂ RESURSĂ PENTRU CUNOAȘTEREA PROFUNDĂ A PROGRAMULUI EXISTENȚIAL.

Proiectabilitate. Pentru rememorarea programului existențial sunt ideale dezvoltarea proceselor de autoproiecție conștientă, extinderea conștienței lucide în afara corpului, accesarea holomemoriei și instalarea retrocognițiilor sănătoase.

Channeling. Pot intermedierea umană, mediumismul sau channelingul între dimensiunile conștiențiale să fie executate pe baze științifice? Este logic că da.

Interferențe. Cu toate aceste, este extrem de dificil pentru un medium să obțină un nivel de încredere adecvat, din cauza multiplelor interferențe emoționale existente între conștiințele extrafizice și conștiințele intrafizice.

Mistificare. Emoțiile create de intermedierea dintre conștiințele intrafizice și cele extrafizice favorizează autocorupția, mistificarea și manipularea conștiințelor intrafizice nevoiașe, a celor cu ambiții politice sau de dominare grupală, contrafăcute și anticosmoetice.

Fascinație. În concluzie, mediumismul anticosmoetic predispune la tot ceea ce este mai rău: fascinația de grup, folosită și abuzată de religii și de secte create pe baze mediumiste și sincretice.

Credibilitate. Este posibil ca în viitor să găsim proceduri mai credibile de intermediere între dimensiunile conștiențiale, dincolo de propriile conștiințe intrafizice vulgare sau de instrumentele fizice, de mașini și dispozitive, predispuse la erori și la manipulare.

Astăzi. Până în prezent, proiectabilitatea individuală lucidă este cea care produce cele mai puține erori în comunicabilitatea multidimensională.

DUPĂ RESOMARE, CONȘTIINȚA EXTRAFIZICĂ SE MANIFESTĂ SUB FORMA UNUI AMBALAJ DISPENSABIL – SOMA – ȘI A UNEI ESENȚE ÎNTOTDEAUNA RETURNABILĂ – CONȘTIINȚA.

28. PROGRAMUL EXISTENȚIAL ȘI TIMPUL

Asistență. Cum îți consumi timpul în viața intrafizică: asistându-i și pe ceilalți sau numai pe tine?

Timp. Când analizăm ceea ce ni se potrivește pe calea evolutivă, este important să luăm detaliat în calcul factorul timp.

Tares. Dacă este bine înțeles, timpul este o condiție evolutivă, o variabilă mai mult sănătoasă decât periculoasă, deoarece îndeplinește satisfăcător pentru noi sarcina de clarificare.

Tratament. Timpul, liniștea și desomarea vindecă toate dezechilibrele intrafizice.

Minut. Pentru fiecare conștiință, minutul are valoarea intensității calitative a experienței sale.

Evoluție. Din perspectiva evoluției conștientiale, 5 minute pot fi echivalente cu 10 ani.

Vârstă. Aceleași 5 minute ale unei conștiințe intrafizice în vârsta de 20 de ani au altă valoare decât 5 minute ale aceleiași conștiințe când aceasta va avea vârsta de 60 de ani.

Faze. De asemenea, 5 minute din faza pregătitoare a vieții umane sau a programului existențial, de exemplu, de la 1 la 35 de ani, nu au aceeași valoare și greutate cu 5 minute din faza executivă, de la 36 la 70, a aceleiași conștiințe.

Evaluare. Este întotdeauna important să evaluăm dacă cele 5 minute ale noastre din prezent sunt într-adevăr 5 minute sau dacă sunt mai mult sau mai puțin.

CONFORM CONȘTIENTOLOGIEI, TIMPUL ESTE UNITATEA DE MĂSURĂ EVOLUTIVĂ, VALOROASĂ ȘI UTILĂ PENTRU CONȘTIINȚA LUCIDĂ.

Autoorganizare. Ambiguitatea timpului ne impune să stabilim un model comportamental solid, pentru a profita de uniformitatea minutelor. De aici se naște autoorganizarea evolutivă.

Condiție. O condiție existențială și chiar o atitudine personală pot fi utile, potrivite și bune astăzi, dar pot fi complet depășite, negative sau dăunătoare mâine, pentru noi sau pentru alții.

Previziune. Numai previziunea proprie și o viziune de ansamblu privind spațiul și timpul pot dinamiza executarea corectă a programului existențial.

Raportul trecut-prezent reprezintă momentul evolutiv al neofobilor. Raportul prezent-viitor reprezintă momentul evolutiv al neofililor.

Prezent. Copilul trăiește în prezent pentru a putea supraviețui respirând, în condițiile impuse de restricția intrafizică implacabilă.

Copilăria. Copilăria este cea mai dificilă perioadă de coerciție, pe care viața umană o exercită asupra conștiinței aflate în faza plenară de pregătire pentru îndeplinirea programului existențial.

Viitor. Adultul, bărbat sau femeie, trăiește în viitor pentru că prezentul reprezintă deja viitorul apropiat.

Maturitate. După ce a atins deja un nivel ridicat de recuperare a unităților de luciditate (con) și este pregătit pentru executarea programului existențial, adultul trăiește apogeul holomaturității sale.

Con-uri. Este important de subliniat că pentru majoritatea conștiințelor intrafizice, accesarea programului existențial depinde de recuperarea rezonabilă a con-urilor.

Holomaturitate. Holomaturitatea reunește 5 factori relevanți:

1. **Biologia.** Maturitatea biologică a somei.
2. **Psihologia.** Maturitatea psihologică a creierului.
3. **Integral.** Dezvoltarea integrală a holomemoriei.
4. **Inteligențele.** Inteligențele multiple pe care le deține conștiința.
5. **Egoul.** Definițiile privind utilizarea egoului.

Mulți oameni de vârstă înaintată trăiesc în trecut, luciditatea lor fiind predominată de amintiri și nostalgii.

Roade. Indiferent dacă și-a îndeplinit programul existențial sau nu (complexis sau incomplexis, morexis sau melin), o persoană în vârstă se pregătește să culeagă roadele eforturilor sale, într-o altă etapă a școlii-spital de pe Pământ – o nouă perioadă intermisivă, postdesomatică.

Epicon. O conștiință intrafizică trează sau un epicon (epicentru conștiențial) lucid trăiește simultan, indiferent de vârsta lui fizică, în 3 timpuri, cu 3 implicații parapsihice:

A. Trecutul: retrocogniții.

B. Prezentul: conștientizări simultane, cunoașterea parapsihică a faptelor care au loc exact în momentul respectiv, la o anumită distanță de receptor.

C. Viitorul. Precogniții.

Trinom. Triada resomare-retrocogniție-precogniție reprezintă cel mai eficient proces de accelerare evolutivă a resomărilor în serie (seriexis), în cadrul ciclului personal multiexistențial.

Retrocogniții. Atunci când sunt sănătoase, retrocognițiile multiple, consecutive și *culturale* ajută conștiința intrafizică să-și deschidă în sine un amplu univers intraconștiențial, prin identificarea unor caracteristici detaliate ale diferitelor egouri și inteligențe pe care și le-a asumat, în diferite zone, pe parcursul mileniilor, cum sunt următoarele 14:

A. Antropologia. Corpurile umane (antropologie).

B. Sexosomatica. Ambele genuri umane (sexologie).

C. Eugenia. Rasele umane (eugenie).

D. Genetica. Moștenirile genetice (genetică).

E. Paragenetica. Moștenirile personale (paragenetică).

F. Sociologia. Grupurile sociale (sociologie).

G. Geografia. Locurile (geografie umană).

H. Cultura. Patrimoniul cultural (cultură).

I. Lingvistica. Limbile și dialectele (lingvistică).

J. Profesia. Profesiile și ocupațiile (muncă).

K. Istoria. Epocile (Istorie umană)

L. Desomatica. Tipurile de desomare (desomatică sau tanatologie).

M. Gânsenologia. Mentalitățile (gânsenologia).
N. Evoluțiologia. Nivelul evolutiv (evoluțiologie).
Eliminare. Retrocognițiile extrafizice ale conștiinței proiectate facilitează eliminarea a 2 inconveniente:
1. **Seriexis.** Seriile existențiale instinctive, fără o planificare autoconștientă.
2. **Automimetisme.** Repetările comode ale experiențelor intrafizice dispensabile (automimetisme ultra-depășite), care vin din trecut prin paragenetică (automimetism depășit).

Fiecare mediu intrafizic reprezintă o etapă pentru diferitele tipuri de public multidimensional, inclusiv pentru conștiințele extrafizice paratroposferice.

Precogniții. Precognițiile extrafizice ale conștiinței proiectate, de exemplu, îi permit conștiinței intrafizice 2 cuceriri:
1. **Pregătirea.** Conștientizarea anticipată a detaliilor privind pregătirea aici și acum a următoarei vieți umane, care face parte din *seriexisurile planificate*.
2. **Viitorul.** Experimentarea conștientă a principiului conform căruia prezentul reprezintă *viitorul* apropiat, din perspectiva executării programului existențial identificat și deja îndeplinit.

Autorelee. Repetarea unor acțiuni personale specifice sau a unor anumite trăsături ale diferitelor egouri îi permit conștiinței intrafizice sa identifice, dincolo de aparențe, liniile structurale de bază ale autoreleelor proprii, prin programe existențiale consecutive asemănătoare.

Complexitatea. Epicentrul conștiențial lucid dispune de diverse amintiri (holomemorie), folosește mai multe forme de inteligență (intelectualitate, parapsihism, comunicabilitate) și acționează în diferite dimensiuni conștiențiale (multidimensionalitate).

Minipiesă. Pentru acest epicentru conștiențial uman autoconștient nu mai contează dacă este în intrafizicalitate sau în extrafizicalitate, ci contează mai mult calitatea performanței sale complexe de minipiesă în maximecanismul asistențial și interconștiențial.

CÂND NE FACEM UN PROGRAM DE PERSPECTIVĂ, NE DEMONSTRĂM DISCERNĂMÂNTUL MAJOR CU PRIVIRE LA TIMP.

Categorii. Strict vorbind, în funcție de timpul de execuție, putem clasifica rațional programele existențiale în 3 categorii distincte:

1. Actual. Un program existențial la zi sau actualizat.
2. Rămas în urmă. Un programul existențial rămas în urmă.
3. În avans. Un program existențial în avans.

Reciclatori. Un program existențial rămas în urmă trebuie atent reconsiderat de către reciclatorii existențiali de toate tipurile.

Invertori. Un program existențial în avans trebuie atent reconsiderat de către invertori existențiali lucizi, ca fiind o posibilitate la îndemână.

EXECUTAREA UNUI PROGRAM EXISTENȚIAL POATE AVEA LOC ÎN 3 ETAPE: PE TERMEN SCURT, PE TERMEN MEDIU ȘI PE TERMEN LUNG.

29. REALIZĂRI PE TERMEN SCURT

ÎN FIECARE STADIU DE ÎNDEPLINIRE A PROGRAMULUI EXISTENȚIAL, TREBUIE LUATE ÎN CONSIDERARE ATÂT OBIECTIVELE PRIMARE, CÂT ȘI CELE SECUNDARE.

Urgență. Pe termen scurt, prima necesitate, ceea ce conștiința trebuie să întreprindă de urgență, scopul esențial este *stăpânirea stării vibraționale*.

Disciplină. Fără o stare vibrațională corespunzătoare devine dificilă continuarea disciplinată, fără interferențe și scăpări false, a activităților eficiente de îndeplinire a oricărui program existențial avansat.

Cheie. Starea vibrațională este cheia energetică a vieții conștiinței intrafizice, a unei existențe indirecte, complet energetice, manifestată prin cele două corpuri eminamente energetice: holochakra și soma.

Anticipare. În calitatea sa de preserenissimus, conștiința intrafizică țintește atingerea stării de desperticitate; în această etapă, ea trebuie să facă și să își planifice totul din timp, pentru ca atingerea stării de desperticitate să devină posibilă.

30. REALIZĂRI PE TERMEN MEDIU

Practicabilitate. În planificarea minuțioasă a executării programului existențial pe termen mediu, trebuie incluse diferite practici și stări experimentale, cum ar fi următoarele 3 deziderate indispensabile:
1. **Asistențialitatea.** Practica asistențialității interconștiențiale.
2. **Penta.** Practica penta (sarcina energetică personală).
3. **Epicentrul conștiențial.** Atingerea stării de epicentru conștiențial lucid.

UN LUCRU BUN, PACIFICATOR ȘI SĂNĂTOS VALOREAZĂ MAI MULT DECÂT 1000 DE ALTE LUCRURI BUNE, ASUPRA CĂRORA PLANEAZĂ SUSCEPTIBILITATEA DE A FI RELE SAU IMPERFECTE.

31. REALIZĂRI PE TERMEN LUNG

Ambiții. În etapa pe termen lung, în care predomină obiectivele secundare, dar indispensabile, trebuie să fie prevăzute ambițiile evolutive sănătoase, majore ale conștiinței.

Cuceriri. După multe experiențe repetate, conștiința intrafizică va deveni un practicant penta veteran, va avea un birou extrafizic, va putea atinge starea de desperticitate și niveluri înalte de experiențe parapsihice, inclusiv proiecții conștiente continue.

Longevitate. Omul obișnuit se pregătește să depășească bariera unui secol de existență intrafizică, ajungând ca în ultima treime a vieții să coexiste într-o *familie 4 generații*: părinți, copii, nepoți și strănepoți.

CA EFECT AL LONGEVITĂȚII UMANE, ÎN VIITORUL APROPIAT, DURATA PROGRAMULUI EXISTENȚIAL VA FI DIN CE ÎN CE MAI MARE.

Trăsături puternice. Conform cercetărilor actuale din domeniile tanatologiei și desomaticii, există 3 trăsături puternice caracteristice majorității conștiințelor intrafizice centenare:
1. **Armonie.** Simțul armoniei.
2. **Voință.** Puterea voinței.
3. **Adaptabilitatea.** Capacitatea de adaptare.

Autoorganizare. În timpul etapei intrafizice (în timpul vieții), merită să inserăm aceste 3 trăsături puternice ale persoanelor longevive, în autoorganizarea noastră și, în consecință, în dezvoltarea executării programelor noastre existențiale sau în realizările referitoare la programarea pe termen lung.

REZULTATUL FINAL AL PROGRAMULUI NOSTRU EXISTENȚIAL POATE CONSTA ÎN COMPLEXIS, INCOMPLEXIS SAU MULTICOMPLEXIS.

32. COMPLEXIS

Definiție. *Complexisul* este starea confortabilă de completitudine privind executarea satisfăcătoare a programului existențial, a acțiunilor, manifestărilor, operelor conștiinței umane, care au fost planificate anticipat în timpul perioadei intermisive.

Sinonimie. Expresiile echivalente *complexisului* sunt: *completismul existențial, completitudinea existențială.*

Proiecte. Completismul existențial este încoronarea tuturor eforturilor conștiinței intrafizice și poate fi atins numai printr-o bună administrare a proiectelor de viață ale persoanei.

Nivel. Conștiința umană devine completistă existențial dacă și-a îndeplinit programul existențial, indiferent dacă a fost unul mai mic sau mai mare, mergând pe calea corectă, directă, în zona și nivelul care i-au fost atribuite.

Euforin. Îndeplinirea programului existențial generează starea de euforie intrafizică.

Euforex. În *viața fizică* a conștiinței, complexisul generează euforie intrafizică (euforin), care duce în *viața intermisivă*, din perioada intermisivă de după desomare, la euforie extrafizică (euforex).

OBȚINEREA LA SFÂRȘITUL VIEȚII UMANE A COMPLEXISULUI ESTE O PRECONDIȚIE ESENȚIALĂ PENTRU CEI CE DORESC SĂ SE BUCURE DE EUFORIA EXTRAFIZICĂ ÎN PERIOADA INTERMISIVĂ.

Taxare. Strict vorbind, nimeni nu va taxa conștiința extrafizică recent întoarsă din viața umană din cauza eșecurilor și/sau omisiunilor care au condus-o sau nu la îndeplinirea programului existențial.

Experiență. În propriul microunivers, o conștiință extrafizică simte și experimentează extrafizic cel puțin următoarele 3 aspecte:

1. Rezultate. Rezultatele sănătoase sau patologice ale acțiunilor din ultima viață umană.

2. Gânsenitate. Prin energiile sale, percepe calitatea confortabilă sau neconfortabilă a gânsenei sale.

3. Cosmoetică. Detectează nivelul intraconștiențial de cosmoetică.

Autoimpunere. Așadar, există o autoimpunere intraconștiențială.

Heteroimpunere. Nu există o heteroimpunere generalizată, excepție făcând cazurile excesiv de patologice, care implică intruziuni ale intruderilor extrafizici și care conduc la incompletisme existențiale cu *procent zero de realizări*.

Cod. Realizarea completismului existențial depinde de relația conștiinței intrafizice cu grupul evolutiv și de construirea unui *cod de principii personale*, practice, necesar pentru a trăi pe Terra și pentru a obține succes în executarea programului existențial.

Interdependență. Deși inevitabilă, interdependența conștiențială nu trebuie să împiedice ceea ce facem și ceea ce trebuie să facem pentru executarea programului existențial.

Porțiuni. Completismul existențial nu este rezultatul unor acte eroice sau magistrale, ci al unor mici porțiuni de sacrificii și servicii în favoarea binelui comun.

Grup. Interdependența dintre conștiințe ajută mult și este chiar indispensabilă pentru realizarea programelor existențiale de grup.

Netransferabil. *Programele existențiale de grup* sau cele conjuncte nu presupun transferarea lor de la tată la fiu sau de la mamă la fiică. Întotdeauna, dincolo de orice, programele existențiale sunt specifice și netransferabile, între ele manifestându-se totuși interdependențe firești, care permit ca între conștiințele care trăiesc pe Terra să existe programe existențiale polikarmice, dependente de un grup de conștiințe.

> *EXISTĂ PERSOANE COMPLETISTE,*
> *COMPLET INCONȘTIENTE*
> *DE CLAUZELE MINIPROGRAMELOR*
> *LOR EXISTENȚIALE.*

Instinct. Legiuni de indivizi își trăiesc existențele și muncesc într-un mod absolut spontan, negândit și para-instinctiv, fără opțiuni conștiente.

Profesioniști. Urmează 2 exemple de completiști existențiali obișnuiți, profesioniști din societatea intrafizică:

1. Chirurgul. Un chirurg de succes, cu zeci de ani în serviciul social.

2. Scriitorul. Un scriitor convențional, consacrat în starea de intelectual, care a câștigat toate premiile din zona sa.

Sarcini de consolare. Urmează 3 exemple cunoscute de completiști în munca de consolare:

1. Albert Schweitzer (1875-1975): Protestantism.
2. Maica Tereza de Calcutta: Catolicism.
3. Francisco (Chico) Cândido Xavier (1910-2002): Mișcarea Spiritualistă

DE EXEMPLU, PENTRU A ATINGE COMPLETISMUL EXISTENȚIAL, CEL MAI BINE ESTE SĂ TRĂIEȘTI PENTRU O IDEE, NU PENTRU BANI.

Jumătate. Cel care face lucrurile pe jumătate, are nevoie de două ori mai mult timp pentru a deveni completist existențial.

Zilnic. Completismul zilnic formează gradual completismul întregii vieți.

Premiu. Premiul completismului existențial este șansa de alege în viitor un corp uman mai bun –o macrosomă – în următoarea perioadă evolutivă multiexistențială.

Macrosomă. Dincolo de un nivel evolutiv cert, corpul uman super personalizat sau macrosoma are mult mai multe relații intrinsece cu procesele holokarmice, conectate cu evoluțiologul, decât ne putem imagina.

Cercetări. Atât macrosoma, cât și evoluțiologul merită atenția noastră sporită și o mai mare cercetare din partea noastră.

ATINGEREA COMPLETISMULUI EXISTENȚIAL ÎN VIAȚA ANTERIOARĂ ESTE O PRECONDIȚIE FIREASCĂ ÎN VEDEREA ACHIZIȚIONĂRII UNEI MACROSOME ÎN VIAȚA URMĂTOARE.

Cosmoetică. O conștiință intrafizică atinge completismul existențial în anumite programe existențiale evoluate numai dacă dezvoltă o imensă ambiție cosmoetică, sănătoasă. Această ambiție acționează în cadrul propriului microunivers conștiențial.

Bunăstare. Obținerea realizării plenare a programului existențial are o indiscutabilă relevanță pentru bunăstarea conștiinței intrafizice de astăzi și pentru cea a conștiinței extrafizice de mâine.

Direcții. Totuși, numai cunoașterea direcțiilor fundamentale ale propriei vieți este încă o condiție insuficientă și nu predispune la această bunăstare.

Provocare. Pentru o conștiință lucidă, aflată peste un anumit nivel avansat de holomaturitate, provocarea dată de programul existențial este mult mai semnificativă și mai relevantă decât euforia intrafizică creată de completismul existențial.

Întrebare. Conștiința intrafizică reciclatoare merită să facă efortul de a se întreba și de a răspunde pragmatic: „După ce tânjesc cu mai multă nerăbdare: după euforia intrafizică a completismului existențial de *mâine* sau după provocarea executării programului meu existențial de *astăzi?* "

Efecte. Completismul existențial generează efecte multiplicatoare privind evoluția conștiențială, cu rezultate pozitive, precum următoarele 6: morexis, maximorexis, multicomplexis, macrosoma, maxiproexis și starea de desperticitate.

Trinom. Trinomul *motivație-efort-perseverență* este atitudinea practică indispensabilă oricărei conștiințe care încearcă să acorde prioritate obținerii completismului existențial.

DUOUL EVOLUTIV INTELIGENT SE FORMEAZĂ PENTRU A ÎNCERCA SĂ ATINGĂ ÎMPREUNĂ, ÎN DOI, COMPLEXISUL.

33. INCOMPLEXIS

Definiție. Incomplexisul este starea frustrantă, cronică și inconfortabilă, de incompletitudine privind executarea, în acest caz, nesatisfăcătoare, a programului existențial al conștiinței umane, care a fost planificat anterior, în perioada intermisivă.

Sinonimie. Următoarele 3 expresii sunt echivalente cu *incomplexisul:*
A. *Neîndeplinirea evolutivă.*
B. *Semicomplexisul.*
C. *Complexisul în sens restrâns.*

Maturitate. O persoană nerealizată din perspectiva programului existențial, care nu reușește să își îndeplinească sarcinile majore pe care și le-a propus să le execute, în cea mai importantă perioadă a vieții – maturitatea – suferă de starea de incompletism existențial.

Aspect. Aici merită subliniat un aspect aparent banal: maturitatea conștiențială apare atunci când o conștiință intrafizică face trecerea de la un tabloid la o revistă de știință.

Nefăcut. Incompletistul existențial este cel care, în viața umană, nu a făcut totul, care a lăsat lucruri neterminate, *nefăcute.*

Dezinteres. Acest fapt se întâmplă adesea pentru că ființa socială, ajunsă la maturitate, nu este interesată să știe ce are realmente de făcut în viața umană, ci doar simte și identifică, în mod inconștient și instinctiv, îndatoririle și acțiunile pe care și le-a propus în perioada intermisivă.

INCOMPLETISMUL EXISTENȚIAL POATE CAUZA DEZACTIVAREA CORPULUI UMAN, ÎNAINTE DE MOMENTUL POTRIVIT, PRIN DESOMAREA PREMATURĂ.

Antiproexis. Atitudinile antiproexis pot provoca evident incomplexisul.

Cauze. Erorile de gândire sunt responsabile de majoritatea cazurilor de incomplexis; ele încep atunci când conștiința nu știe să își pună întrebări clare privind propriul destin, viața intrafizică și programul existențial.

Mentalsomă. Erorile de gândire constituie cazuri de parapatologie gânsenică sau mentalsomatică.

Natură. Natura incompletismului existențial variază amplu.

Extreme. Iată 10 exemple jenante de conștiințe intrafizice incompletiste, de un incomplexis extrem, aparent fără soluție, persoane neglijente și dezorganizate:

01. **Arhiepiscop.** Arhiepiscopul fumător de trabucuri.
02. **Pompier.** Pompierul piroman.
03. **Dietetician.** Dieteticianul de 160kg.
04. **Călugăriță.** Călugărița însărcinată.
05. **Profesor.** Profesorul de educație fizică obez.
06. **Cancelar.** Cancelarul monoglot.
07. **Jurnalist.** Jurnalistul analfabet.
08. **Laureat.** Laureat al Premiului Nobel pedofil.
09. **Medic pneumolog.** Pneumologul fumător.
10. **Psihiatru.** Psihiatrul nebun.

Un factor aparent simplu de dezorganizare poate indica un incompletism existențial subiacent, în plină desfășurare.

Banal. Din păcate, profesioniștii incompletiști cei mai ostentativi aparțin unor zone dintre cele mai banale, cum ar fi următoarele exemple:

A. **Negustor.** Negustorul care devine traficant de droguri.
B. **Șofer.** Șoferul care se transformă în asasin pe autostradă.
C. **Politician.** Politicianul care se afundă în manevre ilicite.

Bani. Cei care trăiesc pentru bani, nu pentru idei, au o tendință accentuată de a cădea în incomplexis.

Responsabilitate. Acele conștiințe intrafizice care scriu cu ușurință au o enormă responsabilitate asistențială față de ceilalți.

Asistență. Cei care au talent la scris pot ajuta mai multe persoane decât o face media, deoarece comunicările scrise sunt mai fixate (durabile) în timp și spațiu.

Scris. Cei care scriu bine și nu scriu și pentru semianalfabeți, pentru cei neculturalizați, lipsiți de experiență și cu mai puțină cultură, se vor confrunta ei înșiși, în multe cazuri, cu un program existențial incomplet.

Întrebare-test. În acest moment, putem pune următoarea întrebare pertinentă: „Cum mi-am folosit talentele și educația mea formală?"

DACĂ CEL MAI MARE TRIUMF AL CONȘTIINȚEI UMANE ESTE COMPLETISMUL EXISTENȚIAL, CEA MAI MARE SLĂBICIUNE ESTE, FĂRĂ ÎNDOIALĂ, INCOMPLETISMUL EXISTENȚIAL.

Melin. Neîndeplinirea programului existențial generează starea conștiențială de melancolie intrafizică.

Criză. Așa numita criză existențială a vârstei mijlocii de 40 ani este un tip de melancolie intrafizică care în general afectează conștiința intrafizică care își simte incompletismul existențial.

Melex. Incompletismul existențial și melancolia intrafizică generează, după desomarea conștiinței intrafizice, melancolia extrafizică.

Alegeri. Incompletismul existențial generează melancolia extrafizică atunci când o conștiință descoperă că și-a petrecut viața intrafizică făcând alegeri nepotrivite și devenind victima unui proexis ectopic.

Parapatologie. Sensibilitatea sofisticată a conștiinței merge dincolo de holochakră și psihosomă, ceea ce poate fi constatat, printre altele, prin observarea a trei factori din parapatologia holosomei:

A. Paracicatrici. Când o conștiință comite o omisiune deficitară de proporții, conștiința rămâne cu o *paracicatrice* în microuniversul ei conștiențial.

B. Fisură. O veritabilă *fisură în personalitate* este adusă de *gaura energetică* (decompensarea) din holochakră.

Mutilarea. Incompletismul existențial este echivalent cu o *mutilare temporară a mentalsomei*.

ÎN GENERAL VORBIND, SĂ FACI O GREȘEALĂ ESTE CA ȘI CUM TE-AI ÎNCRUNTA: AMBELE NECESITĂ MAI MULT EFORT ȘI MAI MULTĂ ENERGIE DECÂT DACĂ FACI LUCRURILE CORECT ȘI ZÂMBEȘTI.

Categorii. În termenii efectelor imediate, incompletismul existențial poate fi rațional clasificat în două categorii:

1. Personal. Când incompletismul existențial predispune o singură conștiință la melancolie extrafizică (egokarma).

2. De grup. Când incompletismul existențial predispune un grup evolutiv de conștiințe la melancolie extrafizică (karma de grup).

Acrație. Cuvântul *acrație* vine din limba greacă și înseamnă „absența forței" sau „absența autocontrolului"; indică o voință slabă, unul dintre factorii majori, responsabili pentru numeroasele eșecuri (incomplexis) în executarea programului existențial, în această dimensiune intrafizică.

Desomatică. Potrivit desomaticii, observăm că, în general, *artiștii carismatici* fac parte dintre conștiințele intrafizice cele mai presate din viața umană, aflate sub influența subcreierului abdominal, a cardiochakrei și a intruziunilor interconștiențiale. Ei sunt extrași din sărăcie și din privațiunile materiale, de toate tipurile de instrumentele moderne de comunicare în masă și transformați în *staruri* efemere, care strălucesc de faimă.

Artă. De aceea, mulți artiști cu talente notabile, cu imagini de *megastaruri* și cu roluri de lideri au fost predispuși la accidente parapsihice de parcurs sau au avut tendințe autodistructive (subcreierul abdominal) și au avut vieți intrafizice scurte, desomându-se prematur, în manieră tragică, lăsând în urma lor masele înlăcrimate (mase inepte, robotizare existențială).

Cazuistică. Prezentăm în continuare, dintre multe alte cazuri, 7 exemple de personalități artistice, care au fost intens mediatizate și pe care masele le-au jelit îndelung.

1. James Dean. Idol al tinerilor din epocă; 1931-1955, 24 ani.
2. Isadora Duncan. Pionieră a dansului modern; 1878-1927, 49 ani.
3. Jimi Hendrix. Geniu al chitarei electrice; 1942-1970, 28 ani.
4. John Lennon. Cel mai important Beatles; 1940-1980, 40 ani.
5. Marilyn Monroe. Mega-simbol sexual al Hollywoodului; 1926-1962, 36 ani.
6. Elvis Presley. Figură cheie a revoluției muzicale internaționale; 1935-1977, 42 ani.
7. Rudolph Valentino. Marele „amant" al filmului mut. 1895-1926, 31 ani.

Sport. Chiar dacă în mai mică măsură, și sportivii se desomează prematur, in circumstanțe tragice. De exemplu, Ayrton Senna, mega-campion de Formula1, 1960-1994, 34 ani.

Politicologie. În mai mică măsură, politicienii se desomează și ei prematur, în împrejurării tragice. Un exemplu ar fi Martin Luther King, martir al drepturilor civile; 1929-1968, 39 ani.

Proexologie. Potrivit Proexologiei, principala întrebare la care, în acest context, trebuie să răspundă cercetările conștientologice este: Care dintre aceste personalități au părăsit viața umană în starea de incompletism existențial, în timp ce se aflau în proces de executare a unui miniprogram existențial orientat pe sarcini de consolare?

Evoluțiologie. Fără îndoială, un evoluțiolog extrafizic este conștiința ideală să dea un răspuns privind fiecare dintre aceste personalități, cărora să le analizeze minuțios viețile, *per se*.

34. MULTICOMPLEXIS

Definiție. *Multicomplexisul (multi+compl+exis)* este multicompletismul existențial sau complexisul obținut prin executarea unor programe existențiale diverse (proexis), în diferite vieți intrafizice (seriexis) consecutive.

Sinonimie. Expresia echivalentă cu *multicomplexisul* este *completismul existențial în sens larg*.

Desperticitate. Din momentul în care atinge starea de desperticitate (eliberare totală și permanentă de orice intruziune), conștiința tinde să manifeste multicompletismul existențial, devenind multicompletistă.

MULTICOMPLETISTUL EXISTENȚIAL ESTE CONȘTIINȚA CARE DEJA ȘI-A EXECUTAT SATISFĂCĂTOR MAI MULT DE UN PROGRAM EXISTENȚIAL.

Auto-relee. Multicompletismul existențial se manifestă atunci când există o conexiune asistențială între programele existențiale ale unei conștiințe, prin autorelee consecutive, cu cel puțin 5 condiții:

1. Viață. În mai mult de o viață.
2. Somatică. În mai mult de un corp uman.
3. Holochakralitate. În mai mult de un corp energetic.
4. Cronologie. În mai mult de o epocă.
5. Intrafizică. În mai mult de o societate intrafizică.

Multicompletiști. Există deja conștiințe multicompletiste răspândite în diferite sectoare ale vieții sociale de pe Pământ, în anumite zone ale științei, educației, artelor și politicii.

Întrebări. Te consideri, tu, cititorule, un completist? Te pregătești să devii un multicompletist? Poți fi un multicompletist? Cunoști vreun multicompletist?

Autoorganizare. De multe ori, autoorganizarea în cele mai mici detalii este indispensabilă pentru atingerea multicompletismului existențial.

Întrebare-test. Dacă cineva dorește să afle dacă organizarea sa personală este la un nivel corespunzător, trebuie să răspundă la următoarea întrebare-test: „Dulapul de sub chiuveta din baie conține o evidență scrisă a conținutului său?"

Comportamente. Este rațional să considerăm că modelele comportamentale seculare dintr-o societate intrafizică sau dintr-o hologânsenă socială tradițională necesită, în anumite cazuri, reciclări multiexistențiale, prin autorelee și multicomplexisuri continue, pentru a ajuta conștiința să atingă ea însăși cea mai amplă deschidere conștiențială, cea la care noi astăzi ne referim prin intermediul Conștientologiei. Iată, în continuare, 5 exemple de modele comportamentale multiseculare:

1. **Alcoolismul.**
2. **Luptele cu tauri.**
3. **Monarhia.**
4. **Tabagismul.**
5. **Sumo**[19].

LA CURSUL INTERMISIV, CONȘTIINȚA EXTRAFIZICĂ STUDIAZĂ BIOGRAFIA ULTIMULUI SĂU COMPLEXIS SAU INCOMPLEXIS.

---

[19] Luptele tradiționale japoneze; n.tr

35. MOREXIS

Definiție. *Morexisul (mor+exis)* este starea de moratoriu existențial, o extensie a vieții umane, oferită conștiinței umane meritorii, pentru eforturile sale și pentru performanțele privind fraternitatea.

Sinonimie. Expresia echivalentă cu *morexisul* este *moratoriul existențial*.

Obiectiv. Obiectivul moratoriului existențial este acela de a-i oferi conștiinței condițiile necesare pentru remedierea omisiunilor și pentru executarea rezonabilă a sarcinilor neîndeplinite sau încă nefinalizate.

Amânare. Moratoriul existențial reprezintă amânarea pozitivă a dezactivării corpului uman, prin *desomarea întârziată*.

Breșe. Când un individ identifică în detaliu direcțiile programului lui existențial poate descoperi breșe sau omisiuni esențiale în structura de executare a *tuturor* sarcinilor sale. În acest moment, el poate primi un moratoriu existențial.

Trofeu. Complexisul este diploma oferită pentru viața umană, iar morexisul este trofeul oferit conștiinței intrafizice.

Euforin. Euforia intrafizică este starea ideală care predispune la primirea unui moratoriu existențial pozitiv.

MORATORIUL EXISTENȚIAL PREZINTĂ DOUĂ CATEGORII DISTINCTE ȘI LOGICE: MINIMOREXISUL ȘI MAXIMOREXISUL.

36. MINIMOREXIS

Definiție. Baza deficitară a morexisului, reprezentată de minimorexis, este proprie incompletismului existențial.

Sinonimie. Expresiile echivalente cu *minimorexisul* sunt*: moratoriu existențial deficitar* și *morexis în sens restrâns.*

Auto-ajutor. În cazul unui minimorexis, conștiința intrafizică *incompletistă* este ajutată mai mult, deoarece primește o perioadă complementară de existență umană, pentru a-și îndeplini în proporție de 100% ceea ce încă nu a terminat.

Deficit. Această perioadă îi oferă oportunitatea de a compensa *deficitul holokarmic* (deficiența de bază) sau de a atinge starea de complexis a programului existențial, prin finalizarea unui mandat de viață, încă incomplet.

Neglijență. În acest caz, incompletismul apare din cauza neglijenței personale și a lipsei de viziune privind ansamblul acțiunilor proprii, desfășurate în zecile de ani ai vieții umane.

ÎN GENERAL, ACȚIUNILE NOASTRE UMANE SUNT PREDOMINATE DE DISCERNĂMÂNT SAU DE LIPSĂ DE RAȚIUNE. VOI DE CARE SUNTEȚI PREDOMINAȚI?

37. MAXIMOREXIS

Definiție. Bază super-excedentară a morexisului, reprezentată de maximorexisul amplu, propriu completismului existențial este concesia care *onorează meritul* de a fi atins complexisul.

Sinonimie. Aceste 4 expresii sunt echivalente cu *maximorexisul:*
A. Onorarea meritului existențial.
B. Megamorexis.
C. Moratoriul existențial excedentar.
D. Morexis în sens larg.

Polikarmalitate. Maximorexisul este ceva în plus, extra, sănătos și suplimentar, obținut ca urmare a rezultatelor din programul vieții, privind universalismul și maxifraternitatea, pe baze polikarmice.

> **ORICE CONȘTIINȚĂ ARE NEVOIE DE ALTE CONȘTIINȚE. CONȘTIINȚA-LIDER ARE NEVOIE DE MULT MAI MULTE CONȘTIINȚE, ÎN FUNCȚIE DE TALENTELE FIECĂREIA.**

Hetero-ajutor. Într-un maximoratoriu existențial, superior în toate sensurile unui minimoratoriu existențial, conștiința intrafizică *completistă* ajută mai mult decât este ajutată.

Super-excedent. În maximorexis, conștiința intrafizică primește o perioadă complementară de existență umană, pentru a amplifica 100% ceea ce deja a realizat și a dus cu succes la bun sfârșit (*super-excedent holokarmic*).

Evoluțiolog. În oricare dintre aceste două categorii, morexisul este rezultatul intervenției cosmoetice directe a evoluțiologului sau a orientatorului evolutiv al grupului karmic al respectivei conștiințe intrafizice.

Reciclare. Pot fi oferite două sau trei morexisuri, care pot presupune inclusiv reciclarea organică a somei moratoristului sau moratoristei.

Macrosome. Evident, reciclarea organică a somei are loc mai frecvent în cazul deținătorilor de macrosome.

Grupal. Situațiile de morexis în grup sunt încă foarte rare, ele implicând grupalitatea evolutivă a minipieselor înlănțuite în maximecanismul asistențial, interconștiențial și multidimensional.

Viitor. Să sperăm că în viitorul apropiat, moratoriul existențial de grup va deveni mult mai frecvent și va include deținători de macrosome.

Efort. Pentru a face mult mai tangibile aceste realități în viața intrafizică, proexisul, complexisul și morexisul, este important și contează foarte mult efortul personal de astăzi, de aici și de acum.

Eroism. Există un eroism anonim în spatele fiecărui maximoratoriu existențial.

Neofobie. Maximoratoriul existențial crește eficiența în îndeplinirea sarcinilor și poate provoca *violuri evolutive involuntare*, în cazul conștiințelor intrafizice neofobe, aflate în eșaloane evolutive periferice.

Timpul complementar oferit prin moratoriul existențial variază de la câteva zile, la luni sau chiar zeci de ani.

Binom. Binomul *abnegație-maximorexis* reprezintă cea mai inteligentă soluție pentru executarea oricărei categorii de program existențial. Strict vorbind, maximoratoriul existențial nu există fără abnegația conștiinței intrafizice de a-și dezvolta propriile realizări.

Trinom. Trinomul *proexis-complexis-morexis* este principiul, mijlocul și finalitatea tuturor eforturilor concentrate ale unei conștiințe intrafizice altruiste, care se află la Școala-Pământ, în calitate de elev silitor, de student de onoare (*honor student*), de minipiesă asistențială conștientă, de epicon lucid sau completist, indiferent de nivelul programului său existențial.

Legea de bază a asistenței interconștiențiale: cel mai puțin bolnav și mai experimentat îl ajută pe cel mai bolnav și mai puțin experimentat.

38. PRECERINȚE EVOLUTIVE

Univers. Realitățile universului există și acționează independent de nivelul nostru de discernământ sau de profunzimea înțelegerii adevărurilor relative de vârf ale Umanității.

> **IGNORAREA UNEI PROBLEME, ORICÂT AR FI DE MICĂ, NU ADUCE CONȘTIINȚEI IGNORANTE NICIUN FEL DE SIGURANȚĂ INTIMĂ.**

Precerințe. De exemplu, există 11 precerințe fundamentale, cucerite pas cu pas prin utilizarea principiului conștiențial, care îi permit conștiinței să atingă noi niveluri în evoluția ei:

01. **Subumanitate.** A fi o ființă subumană este o precerință pentru a deveni ființă umană.
02. **Preserenissimus.** A fi preserenissimus este o precerință pentru a deveni o ființă trează (eliberată total și permanent de orice intruziune).
03. **Desperticitate.** A fi o ființă trează este o precerință pentru a deveni evoluțiolog.
04. **Evoluțiologie.** A fi evoluțiolog este o precerință pentru a deveni Serenissimus.
05. **Serenissimus.** A fi Serenissimus este o precerință pentru a deveni o conștiință liberă (C.L.).
06. **Consolare.** A executa o sarcină de consolare este o precerință pentru a executa o sarcină de clarificare.
07. **Varejism (abordarea limitată).** A manifesta varejismul conștiențial este o precerință pentru a manifesta atacadismul conștiențial (abordarea conștiențială atotcuprinzătoare).
08. **Grupkarmalitate.** A experimenta grupkarmalitatea este o precerință pentru a experimenta polikarmalitatea.
09. **Miniproexis.** A îndeplini un miniproexis este o precerință pentru a primi sarcina unui maxiproexis.

10. **Complexis**. A atinge complexisul este o precerință pentru a te bucura de euforex.
11. **Macrosomă**. A atinge complexisul este o precerință pentru a primi o macrosomă.

PENTRU O CONȘTIINȚĂ INTRAFIZICĂ, PRIORITATEA ACORDATĂ CULTURII CONȘTIENȚIALE ESTE MULT MAI IMPORTANTĂ DECÂT BANII SAU PUTEREA TEMPORARĂ.

39. MINIMUM ȘI MAXIMUM

Condiții. La acest nivel al cercetărilor, este important ca cercetătorul să ia în considerare detaliile care caracterizează stările sale intra și extraconștiențiale privind evoluția și posibilitățile multiple de desfășurare și îndeplinire a programului existențial.

Vedere de ansamblu. Într-o viziune conjugată, în funcție de talentele minime și maxime, sunt enumerate, în continuare, în mod didactic și exhaustiv, variabilele (mini și megatrăsături slabe, mini și megatrăsături puternice) necesare pentru o autoevaluare de ansamblu.

Minitrăsături. Minitrăsăturile conștiențiale sunt caracterizate de 13 stări (sau mai puține) intra și extraconștiențiale:

A. Starea inițială.
B. Cea mai mică.
C. Primară.
D. Simplistă.
E. Varejistă (limitată).
F. Receptor.
G. Egokarmic/grupkarmic.
H. Dependență.
I. Facționalism.
J. Maxipiesă/minimecanism.
K. Cantitativ.
L. Subcerebral (încă deficitar).
M. Sens restrâns.

TREBUIE SUBLINIAT FAPTUL CĂ O MINITRĂSĂTURĂ CONȘTIENȚIALĂ NU REPREZINTĂ ÎNTOTDEAUNA O TRĂSĂTURĂ SLABĂ; POATE FI O TRĂSĂTURĂ PRE-PUTERNICĂ.

Maxitrăsături. Maxitrăsăturile conștiențiale sunt caracterizate de 13 (sau mai multe) condiții intra și extraconștiențiale:

A. Starea avansată.

B. Cea mai mare
C. Superior.
D. Complex.
E. Atacadist (amplu, elaborat).
F. Donator.
G. Grupkarmic/polikarmic.
H. Independență.
I. Maxifraternitate.
J. Minipiesă/maximecanism.
K. Calitativ.
L. Mentalsomatic (excedent)
M. Sens larg.

ELIBERAREA DE REPRESIUNILE CONȘTIENȚIALE ÎNCEPE ÎN SOMA ȘI AJUNGE, PRIN AUTOORGANIZARE, ÎN MENTALSOMA.

Minicuceriri. Iată 10 cuceriri personale din universul manifestărilor minitrăsăturilor.

A. **Miniproexis**: sarcini de consolare, varejism (abordare detaliată), grupkarmalitate.

B. **Minisomă**: somaticitate, somă comună.

C. **Mini-înzestrare**: mono-înzestrare conștiențială.

D. **Mini-conștiențialitate:** varejism conștiențial (abordare detaliată).

E. **Mini-comunicare:** spiritism, channeling.

F. **Mini-sarcină:** sarcină de consolare.

G. **Minidisidență:** limitare personală, neofobie.

H. **Minicomplexis**: miniproexis, tacon (sarcina de consolare).

I. **Minimorexis**: egokarmalitate.

J. **Mini-evoluție:** nu mai mult decât preserenissimus.

Maxicuceriri. Iată 10 cuceriri personale din universul manifestărilor maxitrăsăturilor:

A. **Maxiproexis**: sarcini de clarificare, tares, atacadism (abordare atotcuprinzătoare), polikarmalitate.

B. **Maxisomă**: somaticitate, macrosomă.

C. **Maxi-înzestrare**: tripla înzestrare conștiențială (sau mai mult).

D. **Maxi-conștiențialitate**: atacadism conștiențial (abordare conștiențială atotcuprinzătoare).

E. **Maxi-comunicare**: proiectabilitatea lucidă.

F. **Maxi-sarcină**: sarcina de clarificare.

G. **Maxidisidență**: renovare personală, neofilie.

H. **Maxicomplexis**: maxiproexis, tares (sarcinile de clarificare).

I. **Maximorexis**: polikarmalitate.

J. **Maxi-evoluție**. Desperticitate, eliberare totală și permanentă de orice intruziune (sau mai mult decât atât, cândva în viitor).

PARAGENETICA REPREZINTĂ ACUMULAREA UNOR CICATRICI – RĂNI ASCUNSE – ÎN MENTALSOMA CONȘTIINȚEI EXTRAFIZICE CARE RENAȘTE PE PĂMÂNT.

40. DESPERTICITATE
(ELIBERARE TOTALĂ ȘI PERMANENTĂ
DE INTRUZIUNI)

Definiție. *Desperticitatea* este calitatea conștiențială, evolutivă, a ființei treze, dezintruzate permanent și total, plenar autoconștiente de calitatea sa de a fi lucidă privind sarcinile sale asistențiale față de alte conștiințe.

OBȚINEREA STĂRII DE DESPERTICITATE ÎN TIMPUL UNEI VIEȚI ESTE, ÎN GENERAL, INDISPENSABILĂ PENTRU EXECUTAREA UNOR MAXIPROGRAME EXISTENȚIALE AVANSATE.

Evoluție. Starea de desperticitate (eliberare totală și permanentă de orice intruziune) este următorul pas evolutiv al conștiinței preserenissime, reciclatoare sau invertoare existențială, practicantă penta sau epicon (epicentru conștiențial).

Trăsături puternice. Urmează 7 trăsături puternice care caracterizează orice ființă trează (total și permanent eliberată de orice intruziune), bărbat sau femeie:

1. S.V. Instalarea stării vibraționale profilactice, în sine însăși, la înalt nivel, oricând și oriunde, simțind și făcând distincție între propriile energii conștiențiale.

2. Autoapărare. Menținerea unei stări neîntrerupte de autoapărare energetică în microuniversul conștiențial, prin experimentarea sinalecticii energetice, intraconștiențiale și parapsihice, care îi permite conștiinței detectarea prezenței altor conștiințe sănătoase sau bolnave, oriunde ar locui sau oriunde s-ar duce, putând astfel armoniza totul în jurul său.

3. Eliberare. Nu mai suferă de mini-intruziuni interconștiențiale inconștiente, nici chiar în eventualitatea în care se află în prima linie a experiențelor umane interpersonale.

4. Auto-vindecare. Își poate auto-vindeca mini-bolile și micile afecțiuni, proprii ființei umane.

5. Epicentru conştienţial. Ca epicentru conştienţial, manifestă o prezenţă energetică inevitabil evidentă, oriunde s-ar afla.

6. Penta. Practică zilnic penta.

7. Asistenţialitate. Cooperează lucid, fără traume, în starea asistenţială de momeală intra şi extrafizică, manifestată în favoarea altor conştiinţe.

CEA MAI MARE REALIZARE A EXECUTORULUI UNUI PROGRAM EXISTENŢIAL ESTE TRANSCENDEREA FORŢELOR CARE ÎI MODELEAZĂ VIAŢA INTRAFIZICĂ.

REFERINȚE BIBLIOGRAFICE

VIEIRA, Waldo; *100 Testes da Conscienciometria (100 de Teste de Conștientometrie);* 232 p.; 100 cap.; 14 ref.; 21 x 14 cm; br.; prima ediție; Rio de Janeiro, RJ; Instituto Internacional de Projeciologia e Conscienciologia (Institutul de Proiectologie și Conștientologie – IIPC); 1997. (ediția în portugheză: ISBN 85.86019.26.7).

02. IDEM; *Conscienciograma: Técnica de Avaliação da Consciência Integral (Conștientograma: Tehnica de Evaluare a Conștiinței Integrale);* 344 p.; 100 fișe de evaluare; 2.000 articole; 4 indexuri; 11 enu.; 7 ref.; glos. 282 termeni; 150 abrev.; alf.; 21 x 14 cm; br.; prima ediție; Rio de Janeiro, RJ; Instituto Internacional de Projeciologia (IIPC); 1996. (ediția în portugheză: ISBN 85.86019.15.1; spaniolă: ISBN 85.86019.20.8).

03. IDEM; *200 Teáticas da Conscienciologia (200 de Teopractici de Conștientologie);* 260 p.; 200 cap.; 13 ref.; alf.; 21 x 14 cm; br.; prima ediție; Rio de Janeiro, RJ; Instituto Internacional de Projeciologia e Conscienciologia (IIPC); 1997. (ediția în portugheză: ISBN 85.86019.24.0).

04. IDEM; *Manual da Dupla Evolutiva (Manualul Duoului Evolutiv);* 212 p.; 40 cap.; 16 ref.; alf.; 21 X 14 cm; br.; prima ediție; Rio de Janeiro, RJ; Instituto Internacional de Projeciologia e Conscienciologia (IIPC); 1997. (ediția în portugheză: ISBN 85.86019.27.5).

05. IDEM; *Manual da Tenepes: Tarefa Energética Pessoal (Manualul Penta: Sarcina Energetică Personală);* 138 p.; 34 cap.; 5 ref.; glos. 282 termeni; 147 abrev.; alf.; 21 x 14 cm; br.; prima ediție; Rio de Janeiro, RJ; Instituto Internacional de Projeciologia (IIPC); 1995. (ediția în portugheză: ISBN 85.86019.07.0; spaniolă: ISBN 85.86019.17.8; engleză: ISBN 85.86019.16.X).

06. IDEM; *Manual de Redação da Conscienciologia (Manual de Redactare în Conștientologie);* 272 p.; 21 x 28 cm; prima ediție; Rio de Janeiro, RJ; Instituto Internacional de Projeciologia e Conscienciologia (IIPC); 1997. (ediția în portugheză: ISBN 85.86019.22.4).

07. IDEM; *Máximas da Conscienciologia (Maxime de Conștientologie);* 164 p.; 150 ilus.; 450 minipropoziții; 10 x 15 cm; prima ediție; Rio de Janeiro, RJ; Instituto Internacional de Projeciologia (IIPC); 1996. (ediția în portugheză: ISBN 85.86019.12.7).

08. IDEM; *Minidefinições Conscienciais (Minidefiniții Conștiențiale);* 164 p.; 150 ilus.; 450 minipropoziții; 10 x 15 cm; prima ediție; Rio de Janeiro, RJ; Instituto Internacional de Projeciologia (IIPC); 1996. (ediția în portugheză: ISBN 85.86019.14.3).

10. IDEM; *Miniglossário da Conscienciologia (Miniglosar de Conștientologie);* 57 p.; 17 x 11 cm; format spiralat; prima ediție; Rio de Janeiro, RJ; Instituto Internacional de Projeciologia (IIPC); 1992. (ediția în portugheză, spaniolă și engleză).

11. IDEM; *A Natureza Ensina (Natura ne învață);* 164 p.; 150 ilus.; 450 minipropoziții; 10 x 15 cm; prima ediție; Rio de Janeiro, RJ; Instituto Internacional de Projeciologia (IIPC); 1996. (ediția în portugheză: ISBN 85.86019.13.5).

12. IDEM; *Nossa Evolução (Evoluția noastră);* 168 p.; 15 cap.; 6 ref.; glos. 282 termeni; 149 abrev.; alf.; 21 X 14 cm; br.; prima ediție; Rio de Janeiro, RJ; Instituto Internacional de Projeciologia (IIPC); 1996. (ediția în portugheză: ISBN 85.86019.08.9; spaniolă: ISBN 85.86019.21.6).

13. **IDEM;** *O Que é a Conscienciologia (Ce este Conștientologia);* 180p.; 100 cap.; 3 ref.; glos. 280 termeni; alf.; 21 x 14 cm; br.; prima ediție; Rio de Janeiro, RJ; Instituto Internacional de Projeciologia (IIPC); 1994. (ediția în portugheză): ISBN 85.86019.03.8).

14. **IDEM;** *Projeciologia: Panorama das Experiências da Consciência Fora do Corpo Humano (Proiectologia: Panorama Experiențelor în afara Corpului Uman);* XXVIII + 900 p.; 475 cap.; 40 ilus.; 1.907 ref.; glos. 15 termeni; 58 abrev.; ono.; geo.; alf.; 27 x 18,5 x 5 cm; enc.; a treia ediție; Londrina; Paraná; Brasil; Livraria e Editora Universalista (Librăria și Biblioteca Universalistă); 1990. (ediția în portugheză).

15. **IDEM;** *Projeções da Consciência: Diário de Experiências Fora do Corpo Físico (Proiecțiile Conștiinței: Agenda Experiențelor în afara Corpului Fizic);* 224 p.; glos. 25 termeni; alf.; 21 x 14 cm; br.; ediția a patra revizuită; Rio de Janeiro, RJ; Instituto Internacional de Projeciologia (IIPC); 1992. (ediția în portugheză: ISBN 85.86019.04.6; spaniolă: ISBN 85.86019.02.X; engleză: ISBN 85.86019.01.1).

16. **IDEM;** *700 Experimentos da Conscienciologia (700 de Experiențe de Conștientologie);* 1058 p.; 700 cap.; 300 teste; 8 indexuri; 2 tabs.; 600 enu.; ono.; 5.116 ref.; geo.; glos. 280 termeni; 147 abrev.; alf.; 28,5 x 21,5 x 7 cm; enc.; prima ediție; Rio de Janeiro, RJ; Instituto Internacional de Projeciologia (IIPC); 1994. (ediția în portugheză: ISBN 85.86019.05.4).

17. **IDEM;** *Temas da Conscienciologia (Teme de Conștientologie);* 232 p.; 90 cap.; 16 ref.; alf.; 21 X 14 cm; br.; prima ediție; Rio de Janeiro, RJ; Instituto Internacional de Projeciologia e Conscienciologia (IIPC); 1997. (ediția în portugheză: ISBN 85.86019.28.3).

GLOSAR DE CONŞTIENTOLOGIE

Abordare extrafizică – Contactul unei conștiințe cu alte conștiințe din dimensiunile extrafizice.

Abordări conștiențiale dermatologice (superficiale) – Expresie compusă, atribuită științei medicale convenționale, subordonată paradigmei mecaniciste newtonian-carteziene, care își concentrează studiile numai pe soma, fără a-și acorda dreptul de a instrumenta în mod direct investigarea tehnică a *conștiinței* însăși; abordări dermatologice ale *conștiinței intrafizice*, științe *periconștiențiale*.

Accident parapsihic – Dezechilibrul fizic sau psihologic generat de influențe energetice *interconștiențiale* patologice, având în general origine *extrafizică* sau multidimensională.

Agendă extrafizică – care cuprinde notițe referitoare la prioritatea scopurilor conștiențiale extrafizice: ființe, locuri, idei; care stabilește proiecte individuale și planuri inteligente, necesare pentru dezvoltarea conștiinței, într-o manieră cronologică.

Androchakră (andro+chakra) – chakra sexuală a unui bărbat.

Androgânsenă (neologism: andro+gân+sen+ena) – gânsena masculului primitiv, a bărbatului *macho*.

Animism (latină: animus – suflet) – set de fenomene intra și extracorporale, produse de conștiința intrafizică, fără interferență externă. De exemplu, fenomenul proiecției conștiente, produse prin propria voință.

Anti-gânsenă (anti+gân+sen+ena) – Gânsenă antagonică, des întâlnită în dezbateri productive, în omnichestionări și în combaterile argumentate.

Apariție interpersonală – Apariția unei conștiințe proiectate în fața unei *conștiințe intrafizice*.

Asimilare simpatică – Asimilare voită (absorbție) a *energiilor conștiențiale* ale altei *conștiințe*, care rezultă dintr-o relație deschisă cu acea *conștiință*. Această stare poate fi uneori însoțită de decodificarea *gânsenelor* acelei *conștiințe*.

Atacadism conștiențial (abordarea conștiențială amplă, atotcuprinzătoare) – Comportamentul caracterizat de tendința de abordare a lucrurilor într-o manieră comprehensivă, atotcuprinzătoare, astfel încât să nu lase în urmă situații evolutive negative, neterminate, sau decalaje.

Aura penială – Energia chakrală sexuală din jurul penisului, cu precădere atunci când este în erecție, perceptibilă de un bărbat excitat și foarte motivat din punct de vedere sexual.

Aură orgasmică – Energia holochakrală dezvoltată de un bărbat și o femeie exact în momentul orgasmului sexual.

Auto-severitatea – Starea prin care o conștiință intrafizică nu își iartă propriile erori și omisiuni, cu scopul de a elimina conștient auto-corupția; acest atribut pozitiv susține starea sănătoasă de *heteroiertător*[20], de *iertător universal* etern, sincer, al tuturor ființelor; este *principiul de bază al megafraternității*.

Autobilocație conștiențială (latină: *bis*-doi și *locus*-loc) – Acțiune manifestată ori de câte ori o *conștiință* intrafizică proiectată își întâlnește și își contemplă propriul corp uman, *soma*, față în față, pe când se află în afara corpului (în cazul conștiinței intrafizice) sau în alt *vehicul de manifestare conștiențială*.

Autoconștiență multidimensională – Starea de matură luciditate a unei conștiințe intrafizice, care trăiește o viață conștiențială evoluată, multidimensională. Această stare este obținută prin proiectabilitate lucidă.

Autoconștiențialitate – Calitatea dată de nivelul de autocunoaștere al conștiinței; mega-cunoaștere.

Autogânsenă (auto+gân+sen+enă) – Gânsena conștiinței în sine.

Automimentismul existențial – Imitarea experiențelor trecute ale persoanei, indiferent că sunt în legătură cu actuala viață sau cu viețile intrafizice anterioare.

Autoproiecție – Plecarea intenționată și dorită a *conștiinței intrafizice* în altă dimensiune *conștiențială*, folosind *psihosoma* sau *mentalsoma*.

Autoreleu – Starea avansată prin care o conștiință lucidă evoluează prin interceptarea unor existențe intrafizice diferite, corelate.

Bază fizică – Locul sigur, ales de conștiința intrafizică, în care să locuiască soma sa în timpul proiecției sale conștiente într-o altă dimensiune conștiențială exterioară; *duodrom*[21]; hologânsena proiectogenă de domiciliu. Are

---

[20] Care îi iartă pe alții; n.tr

[21] Duo-doi; drom de la aerodrom; n.tr.

o relație directă cu dormitorul sigilat energetic, cu penta, epicentrul conștiențial, clinica extrafizică, proiectorium, precognitarium, retrocognitarium.

Biogânsenă (bio+gân+sen+ena) – gânsenă specifică a conștiinței umane.

Bradigânsenă[22]. – Gânsena cu un flux încet, aparținând unei conștiințe umane cu o minte leneșă.

Cardiochakră *(cardio+chakra)* – Cea de a patra chakră de bază care influențează emoțional conștiința intrafizică, vitalizează inima și plămânii; chakra inimii.

Catatonie extrafizică – Stare de blocaj prin care o conștiință intrafizică proiectată execută acte stereotipe, repetitive, care sunt în general nefolositoare și dispensabile din punct de vedere evolutiv.

Chakra-coroană – Chakra din vârful capului, care încoronează holochakra.

Chakră – un nucleu sau un câmp definit de energie conștiențială. Totalitatea chakrelor sistemului energetic formează *holochakra* sau *paracorpul* energetic. Holochakra din interiorul somei formează legătura dintre somă și psihosomă, acționând ca un punct de conexiune prin care energia conștiențială curge dintr-un vehicul în altul.

Chakră ombilicală – Chakra localizată deasupra buricului, aflată în legătură cu psihologia (abdominală) și parapsihologia conștiinței umane.

Chakră sexuală – *Chakra sexuală* sau chakra rădăcină a *conștiinței umane*; expresie învechită a *energiei conștiențiale* a acestei chakre: *kundalini (șarpele de foc)*.

Chirosoma *(chiro+soma)* – Corpul considerat în mod specific în legătură cu mâinile și munca manuală.

Ciclu mentalsomatic – Ciclul sau cursul evolutiv pe care o conștiință îl inițiază în starea de Conștiință Liberă, după dezactivarea definitivă a psihosomei (a treia desomare), când continuă să trăiască numai în mentalsoma.

Ciclu multiexistențial – Sistemul sau starea de continuă modificare, la nivelul evolutiv curent, a perioadelor de renaștere intrafizică (viață intrafizică, serialitate existențială), urmate de perioade de dezactivare somatică extrafizică sau perioade intermisive (viața extrafizică).

Climat interconștiențial – Starea de multiplă înțelegere a unei întâlniri interconștiențiale prin intermediul gânsenei, în funcție de afinitate, mai

---

[22] Brady – prostovan, nătăfleț; n.tr.

cu seamă a celor încărcate cu energie conștiențială. Climatele interconștiențiale pot diferi în funcție de intensitate.

Clinică extrafizică – Centrul de tratament extrafizic al unui epicentru intrafizic (practicant penta); clinică extrafizică. Resursele și instalațiile unei clinici extrafizice sunt numeroase și remarcabile. Clinica extrafizică este hologânsena de domiciliu.

Cogânsenă (co+gân+sen+enă) – gânsena aliniată fără discernământ cu gânsena unui grup, care implică acumularea sau cooptarea, caracteristică mulțimilor și evenimentelor religioase.

Completismul existențial – Starea conștiinței umane al cărei program existențial a fost îndeplinit.

Comunitate extrafizică (comunex) – grupul para-populațional sau viața în comun a conștiințelor extrafizice, în dimensiunea extrafizică specifică.

Con – Unitate de măsură ipotetică a lucidității unei *conștiinței intrafizice* sau *extrafizice*.

Concentrare conștiențială – Concentrarea directă, fermă a simțurilor, atributelor conștiențiale, a voinței și intenției pe un anumit subiect.

Conștientesă – limbaj telepatic non-simbolic, caracteristic dimensiunii conștiențiale, din societățile extrafizice foarte avansate.

Conștientogramă – Planul tehnic care măsoară și evaluează nivelul de evoluție al conștiinței; megatestul conștiențial care îl are ca model pe Homo Sapiens Serenissimus. Serenissimusul este responsabil pentru rezultatul egokarmic pozitiv. Conștientograma este instrumentul de bază folosit în testele conștientometrice.

Conștientolog – Conștiința intrafizică angajată în studiul continuu și în experimentarea obiectivă, în domeniul cercetării conștientologice. Conștientologul acționează ca agent de renovare evolutivă (agent retrocognitiv) în munca de eliberare a conștiințelor, în general.

Conștientologie – Știința care studiază conștiința în manieră holosomatică, multidimensională și, în primul rând, multiexistențială, în funcție de reacțiile pe care conștiința le are în raport cu energia imanentă, energia conștiențială și propria sa stare multiplă de a fi.

Conștientometrie – Disciplina care studiază măsurătorile conștiențiale, folosindu-se de resursele și metodele oferite de conștientologie, capabilă să stabilească bazele analizei matematice a conștiinței. Conștientograma este principalul instrument folosit în conștientometrie.

Conștientoterapie – Tratamentul, ameliorarea și remisia dezechilibrelor conștiinței, folosind resurse și tehnici derivate din conștientologie.

Conștiință extrafizică – Paracetățean al societății extrafizice; conștiință decorporalizată; sinonim demodat: descarnat.

Conștiință intrafizică – Personalitatea umană; cetățean al societății intrafizice; sinonim învechit: încarnat.

Conștiință liberă – (Latină: con+scientia) Conștiința extrafizică care s-a eliberat definitiv (dezactivat) de psihosoma (corpul emoțional) și de păienjenișul serialității existențiale (ciclul renașterilor). Conștiințele libere sunt situate în ierarhia evolutivă deasupra lui Homo Sapiens Serenissimus.

Continuism conștiențial – Starea de continuitate a vieții conștiențiale, prin previzualizare și autoreleu evolutiv sau, altfel spus, corectarea neîncetată a experimentelor unei persoane, din momentul prezent, din cel imediat anterior și ulterior, într-un tot unificat, coeziv, fără pierderi de continuitate sau experiențe conștiențiale impermeabile; condiția de a fi lucid în fiecare viață, inclusiv atunci când corpul este adormit.

Contracorp – sinonim cu holochakra; este vehiculul energiei conștiențiale a conștiinței intrafizice; corpul energetic.

Contragânsenă – Gânsena intraconștiențială a conștiinței intrafizice, gânsena tăcută, contrară unui lucru, legată de critica mentală silențioasă; respingere mentală mută; tip de intragânsenă.

Cordonul de aur – Presupus element energetic, similar unei telecomenzi, care menține mentalsoma conectată cu creierul extrafizic al psihosomei.

Cosmoconștiență – Starea în care o conștiință este, în intimitatea sa, conștientă de cosmos, de viață și de ordinea universului, într-o exaltare intelectuală și cosmoetică imposibil de descris. În acest caz, o conștiință simte prezența vie a universului în jurul său, într-o unitate indivizibilă. În această stare specială apare comunicarea interconștiențială.

Cosmoetic *(adj; cosmo+etic)* – etic; care reflectă în cosmos moralitatea multidimensională, ce definește holomaturitatea. A fi cosmoetic depășește moralitatea socială, intrafizică, se situază dincolo de nivelul uman.

Cosmoeticalitate – natura cosmoetică a conștiinței.

Cosmogânsenă (cosmo+gân+sen+enă) – Gânsena conectată în mod specific la conștiență (conscientese) sau starea de cosmoconștiență; formă de comunicare a conștientesei.

Cuplare aurică – Interfuziune a energiilor holochakrale dintre două sau mai multe conștiințe.

Cuplu incomplet – Cuplul format dintre un bărbat și o femeie, care nu formează un cuplu intim, nu interacționează din punct de vedere sexual, dar, cu toate acestea, au legături afective foarte puternice.

Cursul grup-karmic – Suma tuturor stadiilor (vieților intrafizice) conștiinței, atunci când aceasta este legată de un grup conștiențial evolutiv.

Cursul intermisiv – Suma totală a disciplinelor și experiențelor teoretice și practice, administrate de o conștiință extrafizică, în timpul perioadei intermisive dintre două vieți intrafizice. Acest curs are loc la un anumit nivel evolutiv al ciclului experiențelor personale. El țintește completismul existențial în următoarea viață intrafizică.

Debilitate conștiențială – stare în care conștiința nu este în stare să gândească, într-un echilibru mental rezonabil.

Desomare – Dezactivarea somatică, imperioasă și inevitabilă a tuturor conștiințelor intrafizice; proiecția finală; prima moarte; moartea biologică; monothanatosis[23]. Desomarea (în sine) sau prima desomare reprezintă dezactivarea corpului uman sau a somei; moartea biologică. A doua desomare este dezactivarea holochakrei și a treia desomare este dezactivarea psihosomei.

Desperticitate (eliberare totală și permanentă de intruziuni) – Starea de a fi total și permanent eliberat de orice intruziune.

Dezasimilare simpatică – Încetarea asimilării simpatice a energiilor conștiențiale, prin voință proprie și prin instalarea unei anumite stări vibraționale.

Dimensiune energetică – dimensiunea energetică a conștiinței; dimensiunea holochakrală; dimensiunea 3 și jumătate; dimensiunea naturală a holochakrei.

Duo evolutiv – Două conștiințe care interacționează pozitiv într-o comuniune evolutivă; condiție existențială a unei evoluții cooperante a două individualități.

---

[23] Thanatosis – moarte aparentă n.tr.

Ectopie conștiențială – Executarea nesatisfăcătoare a programului existențial, într-o manieră excentrică, dislocată, în afara programului ales pentru viața intrafizică a individului.

Egogânsenă (ego+gân+sen+enă) – Sinonimă cu autogânsena; unitate de măsură a egotismului conștiențial, conform conștientologiei și mai cu seamă conștientometriei.

Egokarmă (ego+karma) – Principul cauzei și efectului care acționează în evoluția unei conștiințe, centrat exclusiv în jurul egoului. Stare în care libertatea este restricționată de egocentrismul infantil.

Energie conștiențială – Energia imanentă pe care o conștiință o angajează în toate manifestările sale generale; reprezintă silaba *ene* din gânsene; energia personală.

Energie imanentă – Energie primară, total impersonală, neutră și dispersată în toate obiectele și în toată creația fizică din tot universul. Este o formă omnipotentă, care încă nu a fost măiestrită de conștiința umană. Este prea subtilă pentru a fi detectată de instrumentele actuale.

Epicentru conștiențial – Conștiința intrafizică cheie care devine o antologie de luciditate interdimensională, asistențialitate și constructivism, prin folosirea clinicii extrafizice; care are legătură directă cu penta sau sarcina energetică personală.

Eră conștiențială – Acea eră în care o conștiință intrafizică mediocră se consideră a fi suficient de evoluată pentru a face față impactului, redefinirii personale și revoluțiilor create de experiența proiectării lucide și implantarea priorității autoconștiențialității.

Euforie extrafizică – Euforia experimentată după moartea biologică, ca urmare a îndeplinirii satisfăcătoare și rezonabile a programului existențial; euforie post-mortem; paraeuforie; euforie postdesomatică.

Euforie intrafizică – Euforia experimentată înainte de dezactivarea somatică, generată de completismul rezonabil și satisfăcător al programului existențial; euforie premortem. Stare ideală care predispune la obținerea unui moratoriu existențial pozitiv.

Eunuc conștiențial – Individul castrat conștiențial și manipulat de sectanții domestici ai satisfăcătoarei automatizării umane (roboți), sclavi moderni care formează masele inepte.

Excepție comportamentală – tipar comportamental atipic, ectopic, dislocat.

Existența holochakrală – Viața intrafizică sau serialitatea existențială a existenței intrafizice a conștiinței umane.

Existență închisă – Existența umană și serialitatea existențială, fără a produce proiecții conștiente. (P.C.); Viața umană troposferică în care există numai proiecții inconștiente și vegetative, caracteristice stării evolutive de comă extrafizică; serialitate existențială închisă.

Experiență personală – Experiența personală, directă și netransferabilă a unei conștiințe aflate pe drumul său evolutiv.

Experiențe în apropierea morții – Proiecția involuntară și forțată a conștiinței umane, determinată de împrejurări critice, în cazul unei boli terminale sau a morții clinice.

Extrafizic – Ceea ce este în afara, dincolo de starea umană, intrafizică; starea conștiențială nefizică a corpului uman.

Fenomen concomitent cu proiecția conștientă – Fenomenul continuu sau nu în timp și spațiu, simultan cu *proiecția conștientă*, care apare într-o manieră spontană și neașteptată.

Fenomen proiectiv – Apariția parapsihică specifică, care are ca scop cercetarea proiectologică.

Fitogânsenă (fito+gân+sen+enă) – gânsena rudimentară a unei plante; potrivit Conștientologiei, unitatea lexicală care desemnează o plantă.

Flexibilitate holochakrală – Starea de relativă libertate de acțiune a paracorpului energetic al unei conștiințe intrafizice, în raport cu psihosoma și soma.

Gânsen (gân+sen) – Gând și sentiment

Gânsena de grup – Antigânsena polikarmică, sectariană, corporatistă. Gânsena de grup poate fi și constructivă.

Gânsenă (gân+sen+enă)– Conform conștientologiei, unitatea practică de manifestare a unei conștiințe; Este formată din gând sau idee, sentiment sau emoție și energie conștiențială, considerate ca trei elemente indisociabile.

Gânsenă onirică – Sinonimă cu patogânsena; gânsena din vis.

Gânsenitate – Calitatea unei conștiințe de a fi conștientă din punct de vedere gânsenic.

Gânsenizator – Instrumentul prin care *conștiința* își manifestă gândurile și acțiunile. În cazul *conștiinței intrafizice*, gânsenizatorul fundamental este *soma*.

Geoenergie – Energia imanentă care emană din sol, din pământ și este absorbită de conștiința intrafizică prin chakrele prekundalini (din tălpi). Expresie arhaică – energie telurică.

Gestație conștiențială – Productivitatea evolutivă din punctul de vedere al conștiinței intrafizice, în termenii executării programului existențial.

Ginochakra (gino+chakra) – Chakra sexuală feminină.

Ginogânsenă – Gânsena specifică limbajului și comunicabilității feminine.

Ginosoma (gino-soma) Corpul uman feminin, specializat în reproducerea animalică a conștiinței intrafizice în viața intrafizică; corp afrodisiac.

Grafogânsenă – (grafo+gân+sen+enă) Semnătura gânsenică a conștiinței umane.

Grecex (Grupul reciclatorilor existențiali) – Grup format din reciclatori existențiali, care are ca obiectiv studiul în comun al experimentării reciclării existențiale (recexis) planificate.

Grinvex (Grup de invertori existențiali) – Grup de cercetare format din invertori existențiali, care are ca obiectiv studiul în comun al experimentării inversiunii existențiale (invexis) planificate. Conștiințele intrafizice care se întâlnesc într-un grup și experimentează în mod obiectiv o planificată inversiune existențială.

Grupalitate – Calitatea unui grup evolutiv de conștiințe; starea de grup evolutiv.

Halucinație – Percepția aparentă a unor obiecte exterioare, care nu sunt prezente în momentul respectiv; eroare mentală a percepțiilor senzoriale, fără fundament în realitatea obiectivă.

Helper – Conștiință extrafizică care asistă sau servește una sau mai multe conștiințe intrafizice; binefăcător extrafizic; echivalent cu expresiile: înger păzitor, îngerul luminii, mentor, ghid spiritual.

Heterogânsenă – Gânsena altcuiva în relație cu noi înșine.

Hiperacuitate – Calitatea de maximă luciditate a unei conștiințe intrafizice, dobândită prin recuperarea, pe cât mai mult posibil, a unităților de conștiință (con).

Hipergânsenă – Gânsena euristică[24]; ideea originală de a descoperi; gânsena neofilă; conform conștientologiei, unitatea de măsură a invenției.

Hiperspațiu conștiențial – dimensiunile extrafizice conștiențiale.

Hipnagogie (Greacă: hipnos-somn; agogos-conducător) Starea crepusculară de tranziție dintre starea de veghe și somnul natural. Este o stare modificată de conștiință.

Hipnopompie (Greacă: hipnos-somn; pompikos-procesiune) – Starea tranzitorie de somn natural, anterioară stării fizice de trezire. Este o stare de semisomn, care precede starea de trezire. Este caracterizată de vise cu imagini și efecte auditive și halucinații, care continuă și după trezire. Este o stare modificată de conștiință.

Hipogânsena (hipo+gân+sen+enă) – Sinonimă cu protogânsena și fitogânsena.

Holo-orgasm – Orgasmul holosomatic; extazul maxim generat de energia întregii holosome.

Holoarhivă – Compilație de informații provenite din cunoștințe umane anterioare.

Holochakralitate – Calitățile manifestărilor conștiinței intrafizice care derivă din holochakră.

Holochakră – Corpul energetic extrafizic al conștiinței umane. Suma totală a tuturor chakrelor sistemului energetic, dublura energetică, corpul energetic, corpul pranic.

Hologânsena de domiciliu – baza fizică; dormitorul protejat din punct de vedere energetic; clinica extrafizică.

Hologânsenă – Gânsena agregată sau consolidată. Definește caracteristicile mediului înconjurător, ale ideilor, obiectelor și oamenilor. Acest cuvânt generează rezistență din partea unui număr mare de cititori serioși de știință.

Holokarmă – În raport cu principiile care guvernează cauza și efectul în evoluția conștiinței, există 3 tipuri de acțiuni și reacțiuni conștiențiale:

---

[24] Euristic – care servește la descoperirea unor cunoștințe noi; n.tr.

egokarma, karma de grup și polikarma. Holokarma reprezintă egokarma, karma de grup și polikarma, luate ca un întreg.

Holomaturitate – Starea de maturitate integrală: biologică, psihologică, holosomatică și multidimensională a conștiinței umane.

Holomemorie – Memoria personală, cauzală, complexă, multimilenară, multiexistențială, implacabilă, neîntreruptă, care reține toate faptele legate de multimemoria conștiinței; polimemoria.

Holosoma – set de vehicule de manifestare a conștiinței intrafizice: soma, holochakra, psihosoma și mentalsoma; set de vehicule de manifestare a conștiinței extrafizice: psihosoma și mentalsoma.

Holosomatică – Disciplina care studiază holosoma.

Homeostaza holosomatică – Starea integrală sănătoasă, de armonie a holosomei.

Homo Sapiens Serenissimus – Conștiința care experimentează în mod integral starea de serenissimă luciditate; o conștiință care este pe cale să treacă prin cea de a treia desomare (sfârșitul ciclurilor renașterilor). Sinonim popular Serenissimus.

Incompletism – Starea conștiinței umane care nu și-a îndeplinit complet programul existențial.

Instituție conștientocentrică – Instituția care își centralizează obiectivele pe conștiință și evoluția acesteia. Este cazul Institutului Internațional de Proiectologie (IIP), care cooperează în domeniul conștiențial cu Societatea Conștientologică, cu care are angajamente și legături conștiențiale.

Interasistențial – Care se referă la asistența mutuală.

Interasistențialitate – Necesitatea evolutivă a conștiinței umane de a se asista una pe cealaltă, prin muncă asistențială logică, justă și matură.

Interdimensionalitate – Comunicarea interconștiențială dintre dimensiunile intrafizice (fizice) și extrafizice (nonfizice).

Interfuziune holosomatică – Starea de maximă asimilare simpatică dintre două conștiințe.

Intermisivitate – Calitatea perioadei intermisive dintre două vieți intrafizice ale conștiinței.

Interprizonierat grupkarmic – Angajamentul interconștiențial coercitiv care decurge din acțiunile anticosmoetice conjugate din interiorul grupului, starea de inseparabilitate grupkarmică a principiului conștiențial evolutiv sau a conștiinței.

Intraconștiențialitate – Calitatea manifestărilor intime specifice unei conștiințe.

Intrafizicalitate – Caracteristica vieții intrafizice umane sau a existenței conștiinței umane.

Intragânsenă – Gânsena intraconștiențială a conștiinței umane.

Intrudabilitate – Intruziunea gânsenică interconștiențială patologică. Expresie echivalentă învechită: obsesie. Foarte multe conștiințe intrafizice se simt inconfortabil când folosesc acest cuvânt.

Intruziune energetică – Invadarea unei conștiințe intrafizice de către alta, folosind energii conștiențiale sau holochakra; intruziune holochakrală.

Intruziune gânsenică – Invadarea unei conștiințe de către alta, folosind mentalsoma.

Intruziune holochakrală – Invadarea unei conștiințe intrafizice de către alta, folosind holochakra sau energiile conștiențiale; intruziune energetică.

Intruziune holosomatică – Invadarea unei conștiințe intrafizice de către alta, folosind întreaga holosomă.

Intruziune interconștiențială – Acțiunea exercitată de o conștiință asupra alteia.

Intruziune mnemonică – Coliziunea dintre memoria intruzivă aparținând unei conștiințe extrafizice și memoria cerebrală a unei conștiințe intrafizice (para-amnezie).

Intruziune prin puterea voinței – Invadarea voinței unei conștiințe de către alta prin hetero-sugestie sau hetero-hipnoză.

Intruziune psihosomatică – Invazia unei conștiințe asupra altei conștiințe, prin mijloace emoționale sau prin psihosoma.

Intruziune spermatică – Introducerea spermei în soma sexuală a unei femei în timpul actului sexual.

Inversiune existențială – Tehnică de optimizare a performanțelor conștiențiale în faza pregătitoare a programului existențial, până la 35 de ani.

Invertabilitate existențială – calitatea care desemnează execuția intrafizică a inversiunii existențiale.

Invertor existențial – Conștiința care se oferă să execute inversiunea existențială în viața intrafizică.

Karma de grup – Principiul cauzei și efectului care acționează în evoluția conștiinței, care aparține unui grup evolutiv. Starea în care prin voință proprie, o individualitate devine parte a unui grup evolutiv.

Macro-PK distructivă (Macropsihochinezia[25] distructivă) –capacitatea de a crea pierderi conștiinței intrafizice. Poate fi fatală.

Macrosomă – Soma foarte pregătită pentru executarea unui program existențial specific.

Mandat preintrafizic – Programul existențial pentru viața umană, făcut înainte de renașterea intrafizică a unei conștiințe; program existențial.

Maturitate integrată – Starea evoluată de maturitate conștiențială, superioară maturității fizice sau mentale (psihologice); holomaturitate.

Maxi-primener – starea de primăvară energetică (primener) maximă și prelungită (plenitudine energetică).

Maxifraternitate – Starea conștiențială cea mai evoluată și cea mai universală, bazată pe fraternitate pură, menită să caracterizeze o conștiință care găsește scuze pentru greșelile altora, dar nu pentru sine; megafraternitate. Maxifraternitatea este un țel inevitabil în evoluția unei conștiințe.

Maxigânsenă – Gânsena specifică Conștiinței Libere.

Maximoratoriu existențial – Starea de a fi obținut un moratoriu existențial este manifestată de un completist, care obține o extensie sănătoasă la mandatul existențial, după ce și-a încheiat programul existențial.

Maxiprogramul existențial – Maxiprogramul existențial reprezintă o abordare atotcuprinzătoare. El are ca scop executarea sarcinilor de universalism și megafraternitate, pe baze polikarmice.

Mega-gânsenă – Sinonimă cu orto-gânsena.

Mega-putere – Starea cosmoetică evoluată, luciditatea conștiențială maximă.

Mega-trăsătură puternică – Cea mai puternică trăsătură a unei conștiințe.

Mega-trăsătură slabă – Cea mai slabă trăsătură a unei conștiințe.

---

[25] Psychokinesis= capacitatea de a deplasa obiecte, fără a folosi forța fizică. n.tr.

Mega-ţelul – Obiectivul evolutiv important pentru o conştiinţă.

Melancolie extrafizică – Starea de melancolie extrafizică, postdesomatică sau postmortem; paramelancolie.

Melancolie intrafizică – Starea de melancolie intrafizică sau premortem.

Mentalsomaticitate – Calitatea manifestărilor conştiinţei intrafizice, care derivă din mentalsoma.

Mentalsomă (mental+soma) – Corpul mental; corpul extrafizic al discernământului.

Metasomă (meta+soma) – Ca si psihosoma, este un instrument extrafizic al conştiinţelor intrafizice şi extrafizice.

Microunivers conştienţial – Conştiinţa ca întreg, care include toate atributele, gânsenele şi manifestările, componente ale procesului evoluţiei sale. Microcosmosul conştiinţei se află în raport cu macrocosmosul universului.

Mimetismul cosmoetic – Impulsul social productiv de a imita un înaintaş evoluat.

Mini-primener – starea de primăvară energetică (primener) minimă şi efemeră.

Minigânsenă (mini_gân+sen+enă) – Gânsena unui copil, uneori ca funcţie a creierului aflat încă în dezvoltare.

Minimoratoriu existenţial – Presupune obţinerea unui moratoriu existenţial de mai mică amploare, care se manifestă ca o oportunitate pentru a compensa un deficit holokarmic sau pentru a dobândi starea de completism existenţial; capacitatea de a termina un mandat existenţial încă incomplet.

Miniprogram existenţial – Programul existenţial care prevede executarea unei sarcini karmice, minime de grup.

Monitorizare extrafizică – Starea în care o conştiinţă extrafizică sănătoasă acordă asistenţă unei conştiinţe intrafizice pentru a-i echilibra raportul sarcinilor de consolare şi clarificare.

Monocapabilitate conştienţială – Viaţa intrafizică aflată sub presiunea constantă a intruziunilor venite din partea fiinţelor bolnave. Această monocapabilitate este experimentată de conştiinţele intrafizice vulgare, care au câteva talente şi nu sunt versatile.

Monogânsenă – Gânsena repetitivă; ideea fixă; ego mental; regânsenă.

Monotanatoză (Thanatos – reprezentare a morții în mitologia greacă antică. n.t.) Sinonimă cu desomarea; prima moarte.

Moratorist – Moratorist existențial.

Moratorist existențial – Cel care primește un moratoriu existențial.

Moratoriul existențial – O extensie a vieții fizice, acordată unei anumite conștiințe, pentru meritele sale holokarmice. Moratoriul existențial se poate baza pe o deficiență (minimoratoriul existențial) sau pe un completism (maximoratoriul existențial) al programului existențial al individului.

Morfogânsenă (morfo+gân+sen+enă) – Gândul sau grupul de gânduri adunate împreună, exprimate într-o anumită formă. Expresie arhaică ieșită din uz: *formă-gând*. O acumulare de *morfogânsene* formează o *hologânsenă*.

Nealiniere în starea de veghe – Starea psihică în care *proiectorul intrafizic* percepe în stare de veghe obișnuită faptul că *psihosoma* sa *nu este aliniată* sau nu este complet reintegrată în *soma*. Această stare generează o intensificare a percepțiilor parapsihice și a fenomenelor energetice și parapsihice.

Neofilie – Capacitatea conștiinței intrafizice de a se adapta situațiilor și provocărilor noi. Opusul neofobiei.

Neogânsenă – Gânsena unei conștiințe intrafizice care operează cu sinapse sau legături neuronale noi, situație capabilă să provoace reciclarea intraconștiențială; conform Conștientologiei, mai exact conform Conștientometriei, unitate de măsură a renovării conștiențiale.

Numerologie – Tehnică didactică de procesare a textelor, bazată pe autocritica informativă.

Orientator evolutiv – Conștiința care asistă și coordonează în mod inteligent programul existențial al unei persoane sau evoluția conștiențială a mai multor persoane care fac parte din același grup karmic; helper; condiție evolutivă între serenissimus și starea de desperticitate (a fi complet și permanent liber de orice intruziune).

Ortogânsenă (orto+gân+sen+enă) – Gânsena justă și cosmoetică, care se referă la maturitatea conștiențială; conform Conștientometriei, unitate de măsură practică a cosmoeticii.

Pangrafie – Scriere psihică, multimodală, sofisticată și amplă.

Para – sufix care înseamnă *dincolo de* (de exemplu: para-creier), dar și *extrafizic*.

Parabărbat – Conștiința extrafizică având înfățișarea unui bărbat; bărbat proiectat. Sinonim învechit: entitate spirituală masculină.

Paracomatoză conștiențială – starea de comă extrafizică a conștiinței intrafizice proiectate, care rămâne invariabil inconștientă și, prin urmare, nu își amintește evenimente extrafizice.

Paracreier – Creierul extrafizic al psihosomei unei conștiințe, aflate în starea extrafizică (conștiință extrafizică), intrafizică (conștiință intrafizică) sau proiectată.

Paradigmă conștiențială – teoria de bază a conștientologiei, fundamentată pe conștiință însăși.

Parafemeie – Conștiința extrafizică având înfățișarea unei femei; femeie proiectată; sinonim învechit: entitate spirituală feminină.

Parafiziologie – Fiziologia vehiculelor de manifestare a conștiinței, exclusiv corpul uman (soma).

Paragânsenă (para+gân+sen+enă)– Gânsena unei conștiințe extrafizice.

Paragenetică – Genetica embrionului uman, supusă influenței moștenirii conștiențiale din viața anterioară, prin psihosoma.

Parapatologie – Patologia manifestărilor conștiinței, exclusiv cele ale corpului uman (soma).

Patogânsenă – Gânsena patologică sau gânsena demenței conștiențiale; intenția bolnăvicioasă, micul păcat scuzabil, frământarea cerebrală.

Penta (engleză: personal energetic task – sarcină energetică personală) – Sarcina energetică personală, multidimensională, zilnică. Individul care execută penta primește asistență continuă din partea helperilor, pe termen lung sau chiar pentru tot restul vieții. Expresie învechită: *pase în întuneric*.

Perioadă intermisivă (intermisiune) – Perioada extrafizică dintre două serii existențiale ale conștiinței (ciclul renașterii).

Perioadă intermisivă postdesomatică – Perioada extrafizică a conștiinței, care urmează imediat după dezactivarea somatică.

Perioadă intermisivă presomatică – Perioada *extrafizică* a unei *conștiințe* care precede renașterea intrafizică.

Podosomă (podo+somă)– Soma dezvoltată în mod specific de o muncă făcută cu ajutorul picioarelor, cum este cazul unui jucător de fotbal; amprenta energetică a tălpilor.

Polikarmă – Principiul cauzei și efectului, activ în evoluția unei conștiințe, care este centrată pe experimentarea maxifraternității cosmice, dincolo de egokarmă și de karma de grup.

Polikarmitate – Calitatea manifestărilor polikarmice ale *conștiinței*.

Pre-cuplu – Starea preliminară de sexualitate umană, în cadrul *societății intrafizice*; flirt.

Pre-kundalini – Chakra secundară de la nivelul tălpilor. Există două chakre *pre-kundalini* la nivelul *holosomei* unei *conștiințe intrafizice*, câte una pentru fiecare talpă. Aceasta este o expresie *conștientologică*.

Precognitarium – Baza fizică pregătită din punct de vedere tehnic pentru producerea unor proiecții conștiente precognitive.

Precogniție extrafizică – Percepția unei conștiințe de a afla lucruri ce urmează să se întâmple, de a vedea obiecte, scene și forme din viitor.

Preserenissimus – *Conștiința intrafizică* sau *extrafizică* care nu a trăit încă o viață de luciditate *serenissimă* (vezi *Homo Sapiens Serenissimus*).

Preserenissimus intrafizic alternant – *Conștiință intrafizică* capabilă să trăiască simultan, în stare obișnuită de veghe și proiectat în dimensiunile extrafizice.

Primener (primăvară energetică) – Starea de mai scurtă sau mai lungă durată, în care energiile conștiențiale ale persoanei se manifestă în mod optim, sănătos și constructiv.

Primenerul unui duo evolutiv – primăvara energetică a unui duo evolutiv, în care partenerii se iubesc cu adevărat și măiestresc cu luciditate totală aplicarea unei energii conștiențiale sănătoase, construindu-și programul existențial prin gestații conștiențiale.

Primogânsenă (primo=gân+sen+enă); (gânsena primordială; prima gânsenă; n.t.) – Sinonimă cu *Prima Cauză a Universului*; Primul Gând Complex. Nu are formă de plural.

Principii personale – Pachetul de valori directoare și inițiative ale vieții conștiențiale, ale conștiinței ajunse la holomaturitatea zilnică, multidimensională și cosmoetică.

Program existențial – Programul specific pe care trebuie să îl execute fiecare conștiință în viața sa intrafizică curentă.

Program existențial avansat – Programul existențial al unei conștiințe intrafizice care se manifestă ca un lider evolutiv, care execută o sarcină specifică, în cadrul unui grup karmic; este prin natura sa universalist și polikarmic. Această individualitate servește ca minipiesă lucidă care acționează într-un maximecanism aparținând unei echipe multidimensionale.

Programologie existențială – Studiul formal al programului existențial; ramură a conștientologiei.

Proiectabilitate lucidă – Calitatea proiectivă lucidă și parapsihologică a conștiinței, capabilă să provoace o depoziționare a holosomei, prin voință proprie sau prin alte mijloace.

Proiectarium – *Baza fizică*, pregătită din punct de vedere tehnic să producă proiecții ale conștiinței.

Proiectografie – Studiul tehnic al înregistrărilor proiectologice.

Proiectologie (latină: *projectio* – proiecție; greacă: *logos* – tratat) – Știința care studiază *proiecția conștiinței* și efectele sale, precum și proiecția *energiilor conștiențiale* în afara *holosomei*. Subramură a comunicologiei.

Proiectoterapie – Știința prevenirii și terapia derivată din cercetarea și tehnicile *proiectologice*.

Proiecție conștientă (P.C) – Proiecția unei conștiințe intrafizice dincolo de soma; experiență extracorporală; experiență în afara corpului.

Proiecție conștientă asistată – Proiecție în care o conștiință este asistată în timpul experienței sale de un *helper*, întotdeauna expert în proiectabilitate lucidă.

Proiecție semiconștientă (PSC) – Experiența din timpul somnului prin care o conștiință intrafizică proiectată se află în același timp în stare mai mult sau mai puțin lucidă și în stare de confuzie; vis lucid. Nu este o formă ideală de proiecție a conștiinței.

Protogânsenă (proto+gân+sen+enă)– Gânsena rudimentară; expresii sinonime: *fitogânsenă, hipogânsenă*.

Psihosomă (psiho+somă)– *Paracorpul emoțional* al *conștiinței*.

Reamintire lucidă (binominală) – Set de două condiții indispensabile pe care trebuie să le îndeplinească conștiința intrafizică pentru a putea obține o proiecție în afara corpului, complet lucidă.

Recesiune proiectivă – faza conștiențială a *conștiinței intrafizice*, caracterizată de încetarea spontană, aproape întotdeauna temporară, a succesiunii intense de experiențe proiective lucide.

Reciclabilitate existențială – calitatea obținută de o conștiință după reciclarea existențială.

Reciclare existențială – Tehnica realizării programului existențial, executată de o conștiință umană.

Reciclare intrafizică – Reciclarea intraconștiențială existențială intrafizică sau renovarea cerebrală a unei conștiințe intrafizice, prin crearea de noi sinapse (conexiuni interneuronale), capabile să permită ajustarea programului existențial, executarea unei reciclări existențiale sau a unei inversiuni existențiale, achiziționarea unor idei noi, a unor neogânsene sau hipogânsene și a altor cuceriri neofile ale conștiințe umane automotivate.

Reciclator existențial – Conștiința intrafizică dispusă să execute reciclarea existențială.

Regânsenă (re+gân+sen+enă) – Gânsena repetată; sinonim cu monogânsena sau ideea fixă.

Repercusiuni parapsihologice – Reacția dintre două vehicule ale manifestărilor conștiențiale, când intră în contact una cu cealaltă. Pot fi vehicule diferite ale aceleiași conștiințe sau vehicule similare aparținând mai multor conștiințe. Aceste consecințe pot fi intrafizice sau extrafizice.

Restricție conștiențială – Restricția conștiinței datorată faptului că procesul de manifestare în starea fizică are loc la un nivel la care conștiența este redusă.

Retrocognitarium – Baza fizică pregătită din punct de vedere tehnic pentru a produce *proiecții conștiente retrocognitive*.

Retrocogniție (latină: *retro* – în spate, în urmă; *cognoscere* – a ști, a cunoaște)– Capacitatea perceptivă a *conștiinței intrafizice* de a afla fapte, scene, obiecte, succesiuni și experiențe care aparțin unui trecut îndepărtat. Aceste elemente au în general de a face cu *holomemoria*.

Retrogânsenă – Gânsena specifică retrocogniției; reacție mnemotehnică; conform *Conștientometriei*, unitatea de măsură a *retrocogniției*.

Robotizare existențială – Starea unei conștiințe intrafizice troposferice care devine sclava intrafizicalității și a cuadrodimensionalității.

Romantism extrafizic – Totalitatea acțiunilor prin care o conștiință intrafizică își menține o relație romantică pozitivă și sănătoasă, în timpul în care se află proiectată în afara corpului

Sarcină de clarificare – Sarcina de iluminare și clarificare a unei persoane sau a unui grup avansat.

Sarcină de consolare – Nivel asistențial, elementar, personal sau de grup.

Schelă conștiențială – Cârje dispensabile, fizice sau psihologice, folosite de conștiință.

Seducție holochakrală – Acțiunea energetică a unei conștiințe asupra alteia (altora), cu intenția, mai mult sau mai puțin conștientă, de a o (le) domina.

Semne psihice – Existența autoconștientă, identificarea și angajamentul energetic, semnele personale animice, psihice, pe care le dețin toate *conștiințele intrafizice*.

-sen (sen+en) – Sentiment și energie conștiențială

Serenissimus – denumirea populară a lui *Homo Sapiens Serenissimus*.

Serialitate – Calitatea conștiinței determinată de seriile existențiale (ciclul renașterii).

Serialitate existențială – 1. Serialitatea existențială evolutivă a conștiinței; existențele succesive; renașterile intrafizice în serie; 2. Viața umană sau intrafizică; 3. Sinonime demodate: reîncarnare; acest cuvânt arhaic nu mai servește indivizilor serioși care sunt dedicați cercetărilor de vârf ale conștiinței.

Sexogânsena (gânsena sexuală) (sex+gân+sen_ enă) – Fantezia sexuală; conform Conștientometriei, unitate de măsură a adulterului mental.

Sexosoma (Soma sexuală) (sex+soma)– Soma considerată în relația sa cu sexul.

Sexosomatică – Studiul somei, din perspectiva sexului și a sexosomei și a relației acestora cu conștiința intrafizică, indiferent dacă ne referim la femei sau la bărbați.

Societate intrafizică – Societatea conștiinței intrafizice; societatea umană.

Sociex – Societatea extrafizică sau a conștiințelor extrafizice, subiect de cercetare pentru extrafizicologie.

Soma – Corpul uman; corpul unui individ din regnul *animal; Philum Chordata*[26]; Clasa *mamiferelor*, Ordinul *primatelor*, Familia *hominizilor*, Genul *uman*, Specia *Homo Sapiens*. Homo Sapiens este cel mai evoluat animal de pe această planetă. Soma este cel mai rudimentar vehicul al holosomei conștiinței umane, indiferent de felul în care arată.

Stare vibrațională – Condiția tehnică de maximă dinamizare a energiilor holochakrale, obținută prin impulsul voinței.

Stigmat intruziv – Eșecul sau deraierea evolutivă, întotdeauna dramatică, în general patologică, care își are de obicei originea în auto-obsesiile conștiențiale. Procesul generează fie melancolie intrafizică, fie extrafizică și uneori rezultatul final îl reprezintă accidentele parapsihice.

Subcreier abdominal – creier-stomac, chakra ombilicală (centrul energiei conștiențiale, situate mai sus de ombilic). Este utilizat inconștient de către conștiința intrafizică, aflată în stare vulgară de evoluție, care își bazează manifestările pe el; este o parodie a creierului natural, encefalic (chakra frontală sau chakra coroană), o piedică incomodă în autoevoluția conștientă.

Subgânsenă (sub+gân+sen+enă) – *Gânsena* alimentată de *energia conștiențială* a *subcreierului abdominal*, cu precădere, de energia *chakrei ombilicale*; conform *Conștientometriei, unitate de măsură* a *subcreierului abdominal*.

Subsol conștiențial – Fază a comportamentelor infantile și adolescentine ale conștiinței intrafizice, care se manifestă până în perioada adultă și este caracterizată de predominanța trăsăturilor slabe, primitive ale conștiinței multivehiculare, multiexistențiale și multimilenare.

Suspendare a semnelor vitale – Starea în care o conștiință intrafizică are temporar suspendate funcțiile vitale esențiale ale corpului său celular, pentru ca ulterior să revină la condițiile fiziologice normale. În anumite cazuri, suspendarea apare fără a produce vreo suferință sau vreo deteriorare a sănătății, celulele supraviețuind într-o stare metabolică de hibernare.

Tahigânsenă (tahi+gân+sen+enă) – Gânsena naturală rapidă a conștiinței intrafizice tahipsihice (care gândește rapid).

Telegânsenă (tele+gân+sen+enă)– Sinonimă cu homogânsena.

Teopractică – Experiența teoretică și practică a unei conștiințe intrafizice sau extrafizice.

---

[26] *Philum Chordata* – categorie care conține toate animalele ce posedă, într-un anumit moment al vieții lor, o legătură nervoasă între celula nervoasă și tractul digestiv. n.t.

Tipar comportamental – Tipar tipic de comportament.

Trăsătură puternică – Caracteristica puternică a personalității unei *conștiințe intrafizice*; componentă pozitivă a structurii universului *conștiențial*, care propulsează evoluția *conștiinței*.

Trăsătură slabă – Caracteristica slabă a personalității unei conștiințe intrafizice; componentă negativă a structurii universului conștiențial, pe care individul încă nu este capabil să o depășească.

Triînzestrare conștiențială – Calitatea constituită din 3 talente, care îi sunt cele mai utile în conștientologie: intelectul, abilitățile psihice și comunicabilitatea, atunci când acestea acționează împreună.

Tritanatoză – Dezactivarea și renunțarea la psihosoma odată cu trecerea lui *Homo Sapiens Serenissimus* la starea de *conștiință liberă*; a treia moarte; a treia *desomare*.

Țintă mentală proiectivă – Scopul predeterminat al unei conștiințe fizice, care își propune să obțină o proiecție lucidă în afara corpului, folosind dorința, intenția, puterea mentală și decizia

Universalism – Setul de idei derivat din universalitatea legilor de bază ale naturii și Universului. Universalismul devine filosofia dominantă a conștiinței, ca rezultat al evoluției normale; cosmism.

Varejism conștiențial (abordare limitată) – Sistem rudimentar de comportament individual, caracterizat de acțiuni conștiențiale de joasă calitate, izolate, care au productivitate minimă și puține efecte evolutive importante.

Vehicul al conștiinței – Instrumentul sau corpul prin care *conștiința* se manifestă în dimensiunea *intrafizică* (*conștiința intrafizică*) și în dimensiunile *extrafizice* (*conștiința proiectată* și *conștiința extrafizică*).

Verbacțiune (verb+acțiune) – Interacțiunea coerentă între ceea ce spune și ceea ce face o conștiință; finalitatea unui cuvânt, ratificată de acțiunile individului respectiv.

Virus social intrafizic – Orice trăsătură socială slabă din viața intrafizică a conștiinței umane.

Vis – Starea conștiențială naturală care se află între starea de trezire și cea naturală de somn. Visele sunt caracterizate de un set de idei și imagini, prezentate conștiinței. Un vis dureros este cel care include agitație, angoase, opresiune în dezvoltarea sa și este cunoscut sub numele de coșmar, teroare de noapte, coșmar halucinant.

Vis diurn – Povestea drăguță creată de imaginația unei persoane în timpul în care conștiința umană se află în starea de trezire fizică obișnuită.

Xenofrenie (greacă: *xenos*-străin; *phrem*-minte) – Starea *conștiinței umane* care iese din cadrul comportamental normal din starea de veghe, indusă de agenți fizici, fiziologici, psihologici, farmacologici și psihici; stare alterată de conștiință.

Xenogânsenă – Gânsena intruzivă a unui *intruder*, care apare în cazul *intruziunii gânsenice*; *fisura mentală*. Conform *conștientometriei*, unitate de măsură a *intruziunii conștiențiale*.

Zoogânsenă (zoo+gân+sen+enă)– *Gânsena* unui animal subuman, inconștient. Conform *Conștientometriei*, unitate de măsură a principiului *conștiențial* animal, subuman.

INDEX

Observații. Numerele indică paginile. Atunci când sunt indicate mai multe pagini, numerele în italic fac trimitere la referințele principale.

A

Absenteismul 15
Academia Internațională de Conștientologie 39
Accidente parapsihice de parcurs 112
Acrație 112
Activitate 31, 33, 52, 161
Adevăruri relative de vârf 75, 77
Adorare 65
Agendei intrafizice personale 38
Alienări 69
Ambiguitatea cosmoetică 73
Androsoma 45
Antichitate 46
Anticosmoetică 22, 73, 77
Antidiscernământ 59
Antiproexis 58, 59, 62, 63, 65, 66, 109
Apariție 15, 129
Arhiepiscop 110
Armonie 71, 139
Armură 49
Artă 55, 93
Artefactele esențiale ale cunoașterii 81
Artiștii carismatici 112
Asistență interconștiențială 25
Asistențialitate 25, 77, 126
Asociația Internațională pentru Evoluția Conștiinței 39, 161
Atacadism conștiențial 55, 124
Atitudini antiproexis 58, 59
Atribute conștiențiale 10
Aur 133
Autenticitate 13

Autoconștiență 40
Autoconștientizare multidimensională 55
Autocorupție 25, 83
Autocritică 24, 29, 53, 83
Autocunoaștere 28, 34
Autodezorganizarea 15, 57
Autodidactismul 82
Autodidactismul 81, 83
Autodisciplină 26
Autoimpunere 106
Automimetism 15, 22
Autoorganizarea evolutivă 37
Autoreleele conștiențiale 37
Avorturile intenționate 66
Ayrton Senna 113

B

Banalități perfecționiste 62
Banii 26
Bărbat 45
Binomul
  Abnegație-morexis 9, 30
  Impuls-calcul 9, 30
Binomul
  Admirație-dezacord 73, 119
Bioenergetică 91, 93
Biomemorie 85
Bunuri 59

C

Calculatorul 27
Călugăriță 110
Cămin 48
Câmp 64, 131
Câmpul 48, 64

Cancelar 110
Cariera profesională 52
Cârje psihologice 34
Carte de referință 85
Cărți 83, 85
Cărțile 84
Categorii de Programe Existențiale 12, 13
Cazuistică 112
Ceaec 38, 161, 162, 172
Centrul pentru Înalte Studii de Conștientologie 38, 162
Cercetare 32, 35, 63, 69, 73, 80, 107, 137, 148, 161, 162, 164, 165, 173
Cerebelului 85
Cetățeanul urban 48
Chirurg 106
Cicatrici 28
Cocaină naturală 47
Coerența evolutivă 56
Colecții 14
Competitivitate 14
Completismul existențial
  În sens larg 9, 53, 86, 105, 107, 108, 112, 114, 134
Complexis 9, 64, 99, 117, 119
Complexisul 105, 114, 118, 119, 120, 121
Complexisul 105, 109, 116
  În sens restrâns 105, 109, 116
Concursuri de admitere 18
Conflicte 27, 72
Confruntări 77
Consciex 9, 18, 57
Consciex 18
  Extrafizice candidate 18
Conscin 9, 18, 57
Conștiențială
  Triînzestrată 9, 10, 19, 22, 24, 26, 33, 36, 39, 40, 42, 55, 58, 60, 62, 66, 68, 79, 80, 81, 88, 90, 91, 93, 106, 108, 109, 111, 115, 120, 123, 124, 125, 129, 130, 131, 132, 134, 135, 136, 137, 141, 142, 143, 144, 147, 148, 149, 150, 164
Conștiențialitatea 20, 52
Conștientocentrismul 37, 38
Conștientogramă 27, 132
Conștientologie 22, 38, 39, 71, 80, 127, 128, 132, 160, 162, 164, 166, 172
Conștientologie 129
Conștientometrie 27, 127, 132
Conștiință 15, 18, 19, 20, 21, 25, 31, 32, 33, 38, 39, 40, 43, 44, 46, 48, 51, 52, 53, 55, 60, 62, 65, 67, 68, 71, 72, 73, 75, 76, 79, 85, 86, 88, 89, 92, 95, 97, 99, 105, 107, 108, 109, 111, 112, 120, 129, 130, 131, 133, 134, 135, 138, 139, 140, 141, 142, 144, 145, 146, 147, 148, 149, 150, 151, 162
  Extrafizică 15, 18, 19, 20, 21, 25, 31, 32, 33, 38, 39, 40, 43, 44, 46, 48, 51, 52, 53, 55, 60, 62, 65, 67, 68, 71, 72, 73, 75, 76, 79, 85, 86, 88, 89, 92, 95, 97, 99, 105, 107, 108, 109, 111, 112, 120, 129, 130, 131, 133, 134, 135, 138, 139, 140, 141, 142, 144, 145, 146, 147, 148, 149, 150, 151, 162
  Intrafizică 15, 18, 19, 20, 21, 25, 31, 32, 33, 38, 39, 40, 43, 44, 46, 48, 51, 52, 53, 55, 60, 62, 65, 67, 68, 71, 72, 73, 75, 76, 79, 85, 86, 88, 89, 92, 95, 97, 99, 105, 107, 108, 109, 111, 112, 120, 129, 130, 131, 133, 134, 135, 138, 139, 140, 141, 142, 144, 145, 146, 147, 148, 149, 150, 151, 162
Contemporaneitate 36
Continuism conștiențial 133
Contract 10
Copii 15

Copilărie 164
Corporatism 82
Corpul afrodiziac 45
Cosmoetică 22, 36, 39, 73, 76, 81, 83, 106, 108, 133, 141, 143, 145
Credință 68
Crime 26
Criogenie 66
Cronogramă 25
Cultură 35
Curiozitate 87
Curiozitatea 87

D

Deficiențe conștiențiale 72
Deficit holokarmic 142
Definiție 9, 14, 17, 45, 57, 67, 79, 86, 90, 105, 109, 114, 116, 117, 118, 125
Demagogii 32
Demografie 36
Desomare 15, 99, 105, 131, 134, 139, 150
Desomarea
  Întârziată 97, 111, 116, 134, 143
Desomarea
  Prematură 109
Desomatică 99
Desomatică 112
Desperticitate 11, 114, 120, 124, 134
Destin 10
Destin 17
Determinism 10
Determinismul 10
Dezintruziunea 88
Dicționar 81, 83
Dicționar 83, 85
Dicționarul
  Analog 85
Dietetician 110
Discernământ 33, 55, 60, 72, 120, 132
Discernământul 33, 46, 54

Discernământului 34, 35, 58, 86, 142
Disciplină 43, 52, 89
Discriminare 73
Disident 71
Disidență 62, 71, 73, 74
  Ideologică 62, 71, 73, 74
Disidență 71
Doctrine 52
Dogmatică 32
Droguri 25, 65, 110
Dublu prizonierat 45
Duo evolutiv 22, 37, 41, 42, 43, 53, 55, 92, 145

E

Echilibrul 26, 29, 55, 72
Ecologiei 49
Economie 59
Ectopie 67, 68
Ectopie conștiențială 66
Educație
  Personală 58, 60, 72, 110
Egocentrismul 12, 135
Egokarmă 13, 45, 83, 145
Egokarmalitate 17, 123
Elvis presley 112
Endorfinele 47
Endorfinele 47
Energii conștiențiale 23, 43, 65, 90, 125, 140, 145
Epicon 99
Eroare 53
Euforex 15, 105
Euforin 105, 116
Euristică 87
Evoluție 19, 34, 35, 52, 80, 97, 125
Evoluției 10, 36, 49, 52, 62, 63, 73, 80, 97, 142, 150, 161, 163
Evoluțiolog 10, 13, 20, 25, 113, 120
Evoluțiologie 10, 113, 120
Evolutivitate 12, 21
Excludere socială 37

F

Faimă 112
Faza
  Pre-penta 15, 43, 51, 52, 68, 86, 87, 97, 98, 140, 147
Femeie 45
Feminism 46
Formula
  Trăsăturilor personale 27, 29
Francisco (Chico) Cândido Xavier 107

G

Galileo Galilei 36
Gânsenitate 23, 72, 106, 136
Gânsenologie 37
Genialitate 10
Geografie 48
  Programului existențial 48
Gestație
  Conștiențială 137
Ginochakră
  Moartă 45
Ginosoma 45, 137
Grecex 40, 137
Grinvex 40, 137
Grupalitate 15, 18, 40, 78, 137
Grupkarmă 13
Grupkarmalitate 21, 30, 120
Gurulatrie 32

H

Helper intrafizic 77
Heterocritică 27, 84
Hiperacuitate 48, 55, 86
Holochakră 111, 138
Holochakralitate 35, 114, 138
Hologânsenă 51, 53, 67, 115, 143
Holokarmalitate 12
Holomaturitatea 15, 88, 133, 145
Homo Sapiens 12, 13, 132, 133, 139, 145, 148, 149, 150
Homo Sapiens Serenissimus 13, 132, 133, 139, 145, 148, 150
Homosexualitatea 68

I

Ignoranță 64
Imaturitate 24
Incomplexis 9, 15, 99, 109, 110, 112
Incoruptibilitate 18
Indecizii 63
Îndoială 10, 40, 53, 113
Infantilism 73
Informații 35, 87, 138, 160, 161, 166
Informații 27
Inoculări 32
Instituții Conștientocentrice 38, 75, 159
Institutul Internațional de Proiectologie și Conștientologie 38, 80, 164
Întâlniri 36
Intelectualitatea 79, 80
Înțelepciune 30
Inteligență 36
Intercooperativitate 21
Intermisivitate 12, 139
Interprizonierat grupkarmic 57
Intruderii extrafizici 59
Intruziune 10, 11, 13, 19, 55, 88, 114, 120, 124, 125, 134, 140, 143
Invertor 40, 141
Invexisului 24
Ipocrizie 33
Isadora Duncan 112
Istorie 11, 99
Istoriei
  Accelerată 35
Iubirea sexuală 18
Iubirii romantice 18

J

James Dean 112
Jimi Hendrix 112

Jocuri de cuvinte 50
John lennon 112
Jurnalist 110
Justificări 25

L

Laboratorul 48
Laptop 38
Lecturi 83
Legile raționale ale Programului Existențial 20
Lesbianismul 68
Libertate 10
Limite 21
Lipsă de educație 72
Longevitate 104

M

Macrosomă 19, 41, 45, 107, 121, 124
Macrosomatică 45
Maica Tereza de Calcutta 107
Maratoniști 47
Marginalitate 25
Marilyn monroe 112
Martin luther king 113
Marx nordau 49
Matergânsenă 53
Maxicuceriri 123
Maxidisidență 76
Maximorexis 9, 19, 108, 118, 119
Maxiproexis 9, 17, 19, 45, 71, 108, 120, 124
Maxitrăsăturile conștiențiale 122
Maxiuniversalism 34
Mediu intrafizic 100
Mediumismul 69
Megafraternitate 11, 36, 42
Megaproexis 17, 19
Megastaruri 112
Melex 66, 111
Melin 26, 60, 99
Menopauză 45
Mentalsomă 46, 110, 142

Mentalsomatică 33
Mica lume 49
Milionari 59
Mimetism de grup 15
Minicuceriri
  Personale 123
Minidisidență 76
Minimecanism 76, 78
Minimorexis 9, 117
Minipiesă
  Asistențială 17, 53, 77, 100, 123
Miniproexis 9, 45, 120, 123
Miniproexisul
  Egokarmic 14
Minut 20
Misticism 19
Mistificare 95
Moderație 54
Modernitate 48
Mofturi ale societății intrafizice 85
Monoînzestrarea conștiențială 24
Morexis 9, 99, 108, 117, 119
Motivație 52, 60, 61, 108
Multicompletist 114
Multicomplexis 9, 19, 108
Murism 16
Mutilare
  Mentalsomei 111

N

Negustor 110
Neofilie 61, 143
Neofobie 119
Neosinapse 84

O

Obiceiuri bune 38
Obiceiuri stagnante 68
Obligații evolutive personale 29
Ofiex 43
Omisiune 75
Ortodoxia intransigentă 32
Ortogânsenă 143

P

Paracicatrice 111
Paragenetică 10, 80, 86, 99, 100
Parapatologie 110
Parapercepții 88
Parapsihism 63, 93, 100, 162
Parapsihoticii postdesomatici 37
Pending 29
Penta 37, 43, 56, 87, 88, 89, 92, 103, 126, 127, 144, 164
Perfecționismul 58, 62
Perioada executivă a Programului Existențial 46
Persoană adultă 34
Pneumolog 110
Poliglotismul 61
Polikarmă 13, 20, 62
Polikarmalitate 17, 30, 118
Politica 16
Politică 46, 82
Pompier 110
Practică 57, 126
Precerințe evolutive 120
Precogniții 99, 100
Prezent-viitor 98
Prietenie 71
Primener 92, 145
Prioritate 31, 33, 88, 108
Procreare 68
Proexis 4, 14, 17
  Atotcuprinzător 4, 14, 17
  Avansat 4, 14, 17
  Durabil 4, 14, 17
  În sens amplu 4, 14, 17
  Major 4, 14, 17
  Polikarmic 4, 14, 17
Proexis ectopic 67, 111
Profesie 52
Profesionalismul 43
Profesorul de educație fizică 110
Profilaxia
  Melancoliei intrafizice 60
Profilaxie
  Evolutivă 18, 33

Profilaxie 18, 60, 89
Proiectabilitatea 93, 96, 124
  Lucidă 93, 96, 124
Proiecții conștiente 69, 104, 136, 145, 147
Promiscuitatea 58
Prostituție 46
Psihiatru 110

R

Recexis 37, 68, 69, 137
Recexisului 24, 39
Reciclări 29, 115, 147
  Multiexistențiale 29, 115, 147
Reciclatori 40, 137
Rememorarea 95
Resentiment 64
Resomări 65
Robexis 57
Rudolph Valentino 113

S

Sarcină de consolare 30, 56, 120, 123
Sarcini de clarificare 30, 41
Sarcinilor
  De clarificare 14, 17, 39, 41, 42, 59, 60, 69, 70, 71, 74, 76, 77, 82, 116, 119, 141, 142
Sateliți de intruderi 59
Scrierea 93
Scriitorul 107
Secolul XX 36
Sectarismul 32
Semnături gânsenice 42
Seriexis 32, 34, 44, 100
Sex 46
Simplism 61
Sinalecticii energetice și parapsihice 39
Sinapse 39
Sindromul hipomnezie 60
Sindromului Swedenborg 76
Sinonimie 9, 14, 17, 45, 57, 67, 71,

90, 105, 109, 114, 116, 117, 118
Societățile extrafizice paratroposferice 37
Socin 34
Șocul hologânsenelor 58
Șofer 110
Solicitarea 27
Somatică 9, 69, 131, 134, 135, 144
Sonete 49
Spălări subcerebrale 32
Spațiu-timp 91
Spion industrial 74
Sporturile radicale 64
Stare vibrațională 102
Știință 35, 55, 93, 109, 138, 164
Stimuli 35
Student de onoare 119
Subcreier abdominal 149
Subdomeniile 161
Subsol conștiențial 69
Subumanitate 120
Succes evolutiv 54
Suicidul 26
Sumo 19, 115

T

Tabagismul 115
Țăranului 48
Teopractică 63, 149
Teorie 9, 55, 56, 71
Teste conștientometrice 38
Testul proexisului 22
Timp 9, 25, 34, 41, 49, 51, 52, 62, 65, 83, 91, 92, 94, 97, 102, 107, 110, 113, 136, 146
Tinerilor 40, 66, 82, 85, 112, 164
Tipuri de inteligență 79
Trafar 24, 27
Trafor 24, 27
Traume emoționale 60
Trinomul
  Motivație-efort-perseverență 9, 52
  Proexis-complexis-morexis 9, 52
Turism evolutiv 52

U

Umanitatea 80
Universalism 61, 62, 150
Universalitate 13
Utopie 62

V

Varejism conștiențial 123
Variație 10
Vehicul de manifestare conștiențială 130
Verbacțiunea 56
Vigoare fertilă 46
Viitor 19, 29, 66, 92, 95, 98, 107, 124, 145
Voința
  Puternică 69, 90

700 de experimente de Conștientologie 22, 38

COGNOPOLIS, ORAȘUL CUNOAȘTERII

Cognopolis – Orașul Cunoașterii – este o suburbie creată în 2009, în orașul Foz do Iguaçu, Paraná, Brazilia, unde 24 de instituții conștientocentrice sunt susținute prin munca voluntarilor. Constituit prin decretul municipal 18887, Cognopolisul are spații verzi cu alei ecologice și zone de locuit; aici se desfășoară activități în domeniile cercetării, educației și culturii.

Cunoscut și ca Suburbia Voluntariatului, Cognopolisul a fost gândit de Waldo Vieira, profesor, lexicograf, dentist și doctor (1932-2015).

Printre nenumăratele construcții existente în cartier, se află și Holociclul și Holoteca. Holociclul – holo (ansamblu) și ciclu (termen referitor la enciclopedie) este locul producției intelectuale conștientologice. Considerat un incubator de autori, Holociclul conține una dintre cele mai mari lexicoteci (colecții de dicționare) din Brazilia, cu mai mult de 7.000 de exemplare, encicloteca (colecție de enciclopedii) și o colecție de ziare și reviste, cu mai mult de 600.000 de articole.

Holoteca (ansamblu de „teci") reunește o colecție de aproximativ 947.000 articole, dintre care 107.000 sunt cărți și lucrări scrise, iar restul obiecte din diferite zone și culturi. Colecția de benzi comice desenate este cea mai mare din America Latină și cuprinde 35.000 de reviste, publicate în 16 limbi și 22 de țări.

La Cognopolis au loc frecvent evenimente științifice, prin care sunt diseminate rezultatele cercetărilor și sunt promovate dezbateri. În Orașul Cunoașterii este încurajată puternic scrierea de cărți și de articole. Din cei aproximativ 840 de voluntari (anul de referință: 2020), mai mult de 170 sunt autori deja publicați, dintre care cei mai mulți au scris pe teme de Conștientologie.

Cognopolisul este deschis vizitatorilor și face parte din circuitul turistic din Foz do Iguaçu. În Cognopolis se află și un hotel, Mabu Interludium Iguassu Convention.

EDITURA DE CONȘTIENTOLOGIE

Editares, Editura de Conștientologie, este una dintre cele 24 de instituții aflate în Cognopolis. Organizație științifică, educațională, apatridă, fără scop lucrativ, Editares se dedică publicării de reviste și cărți aparținând domeniului științific al Conștientologiei.

Editares se bazează pe munca voluntară și se remarcă prin faptul că reunește o echipă de editori, revizori, recenzori și manageri neretribuiți. Autorii, în calitate de voluntari și cercetători în Conștientologie, donează editurii drepturile patrimoniale ale lucrărilor. Fondul editorial, menținut prin vânzarea de cărți și donații spontane, face ca editura să fie sustenabilă din punct de vedere financiar.

Vă invităm pe voi, cititori și cititoare, să ne cunoașteți lucrările.
www.editares.org.br

Pentru mai multe informații: www.campusceaec.org

IC – INSTITUȚII CONȘTIENTOCENTRICE

IC. Instituțiile conștientocentrice – IC – sunt organizații ale căror scopuri, metodologii de lucru și modele organizaționale se bazează pe *Paradigma Conștiențială*. Principala activitate a instituțiilor conștientocentrice este aceea de a susține evoluția conștiințelor prin *sarcini de clarificare*, ghidate de adevărurile relative de vârf (verpon), care se regăsesc în știința conștientologiei și în subdomeniile ei.

Voluntar. Fiecare instituție conștientocentrică este o asociație independentă, non-profit, susținută în principal prin munca voluntară a profesorilor, cercetătorilor, administratorilor și profesioniștilor din diferite zone.

CCCI. Totalitatea instituțiilor conștientocentrice și a voluntarilor din domeniul conștientologiei formează *Comunitatea Conștientologică Cosmoetică Internațională (Comunidade Concienciológica Cosmoética Internacional – CCCI; port.)*, din care fac parte în prezent mai mult de 20 de IC.

AIEC | Asociația Internațională pentru Răspândirea Conștientologiei.

Asociația Internațională pentru Răspândirea Conștientologiei – AIEC – susține financiar cele mai importante proiecte conștientologice și ajută la realizarea acestora. Are de asemenea propriile ei proiecte, concentrate mai ales pe domeniul construcțiilor. În 2014, a construit, lângă campusul CEAEC, *Mabu Hotel&Resort*. Următorul său proiect este un mega-centru cultural. Proiectat de cunoscutul arhitect brazilian Oscar Niemeyer și poziționat în Cognopolis (suburbia în care se află campusul CEAEC), mega-centrul cultural va fi dedicat cercetării și studiului Umanității, istoriei și culturii ei și va găzdui expoziții și diferite alte evenimente.

Website: www.worldaiec.org
E-mail: info@worldaiec.org

APEX | Asociația Internațională pentru Programul Existențial– Apex Internațional

APEX este o organizație educațională și de cercetare, dedicată studiului scopului vieții unei persoane (sau sarcina vieții), ceea ce în conștientologie este cunoscut drept programul existențial. APEX studiază sarcina vieții, atât la nivel individual, cât și la nivel colectiv, deoarece noi venim în viață cu obiectivul de a reuși alături de grupul nostru. APEX organizează o gamă de cursuri, inclusiv popularul curs de 4 zile, Echilibrul Existențial. Aceste cursuri au rolul de a le permite studenților să își identifice propria sarcină a vieții și să își evalueze performanța curentă privind realizarea ei. Studenților le sunt oferite idei și tehnici pentru a-i ajuta să facă un nou pas important în îndeplinirea scopului vieții lor.

Website: www.apexinternacional.org
Facebook: APEX – Associação Internacional da Programação Existencial
E-mail: contato@apexinternacional.org

ARACÊ | Asociația Internațională pentru Evoluția Conștiinței

ARACÊ are sediul în Espirito Santo, Brazilia. ARACÊ își îndreaptă cercetarea și activitățile educaționale pe evoluția de grup. Oferă o gamă largă de cursuri, în diferite localități și este cunoscută pentru cele trei laboratoare Serenarium, în care participanții pot petrece singuri trei zile, fără a avea acces la niciun fel de comunicare exterioară. Scopul acestui tip de laborator este de a îi permite participantului să realizeze o auto-cercetare, să obțină informații personale profunde și să își înțeleagă priorităție vieții, cu scopul accelerării ritmului evoluției proprii.

Website: www.arace.org
Facebook: Associação ARACÊ
E-mail: associacao@arace.org

ASSINVÉXIS | Asociația Internațională pentru Inversiune Existențială
ASSINVÉXIS este o organizație dedicată promovării, răspândirii și dezbaterii tuturor aspectelor legate de intuiția pe care adolescenții o au privind scopul lor în viață și direcționarea eforturilor și resurselor lor spre realizarea acestuia, ceea ce în conștientologie este cunoscut sub numele de inversiune existențială. În mod obișnuit, „invertorul" este conștient de planurile pentru această viață, pe care și le-a făcut în anterioara perioadă dintre vieți (perioadă intermisivă). ASSINVÉXIS îi asistă pe tineri (începând de la vârsta de 13 ani) să se poziționeze pe calea programului lor existențial și oferă cursuri în propriul campus, care este în continuă dezvoltare, în Cognopolis.
Website: www.assinvexis.org
Facebook: Assinvéxis
E-mail: contato@assinvexis.org

ASSIPEC | Asociația Internațională pentru Cercetarea Conștientologiei
ASSIPEC este, în primul rând, o organizație de cercetare. Obiectivul ei este să studieze și să cerceteze conceptele legate de procesele multidimensionale de pe Pământ.
Website: www.assipec.org
Facebook: Assipec
E-mail: asipec@assipec.org

ASSIPI | Asociația Internațională pentru Parapsihismul Interasistențial.
ASSIPI este o instituție conștientocentrică, specializată pe studiul, cercetarea, dezvoltarea și utilizarea practică a parapsihismului, un atribut indispensabil în evoluția personală. Cu baza la Cognopolis și un sediu în Portugalia, ASSIPI oferă o gamă largă de cursuri practice, concentrate pe dezvoltarea experienței individului, pe controlul bioenergiilor și parapsihism. Este bine cunoscut cursul de trei zile, foarte popularul „40 de Manevre Energetice".
Website: www.assipi.com
Facebook: ASSIPI
E-mail: assipi@assipi.org

CEAEC | Centrul pentru Înalte Studii de Conștientologie
Fondat în 1995, CEAEC a fost primul campus conștientologic. Este format din aproximativ 20 de laboratoare, care facilitează experiența participantului privind o gamă de fenomene paranormale și conștientizări referitoare la evoluția personală. De asemenea, este o instituție de cercetare și predare, susținută de voluntari de diverse naționalități și profesii, interesați în progresul cunoașterii umane. CEAEC găzduiește Tertuliariumul (locul dezbaterilor zilnice, pe teme multidimensionale); Holociclul și Holoteca care adăpostesc mai mult de 66,000 cărți și alte lucrări referitoare la conștiință și la subiecte asociate; și Acoplamentarium – un grup de laboratoare care le permit participanților să își dezvolte clarvederea. CEAEC este deschis pentru vizite individuale și de grup.
Website: www.ceaec.org
Facebook: Campus CEAEC
E-mail: ceaec@ceaec.org

COMUNICONS | Asociația Internațională pentru Comunicare Conștientologică
Scopul COMUNICONS este să diseminze conștientologia. Organizează și face publice interviuri pe subiecte relative de vârf, realizate cu cercetători și instructori, menține legătura cu media, promovează un canal de YouTube și susține un portal de conștientologie, o bază de noutăți și detalii referitoare la ultimele evenimente din conștientologie.
Website: www.comunicons.org.br
Facebook: Comunicons Comunicação Conscienciológica
E-mail: comuniconsfoz@gmail.com

CONSCIUS | Asociația Internațională pentru Conștientometrologie Interasistențială
Obiectivul principal al CONSCIUS este să le ajute pe persoanele interesate să își îmbogățească auto-cunoașterea, să se înțeleagă mai bine pe ele însăși. Organizația folosește Conștientograma, o metodologie complexă, dezvoltată de Dr. Waldo Vieira, care le permite oamenilor să se evalueze pe ei înșiși și să își evalueze atributele personale și abilitățile interdimensionale, în funcție de o scală a evoluției conștiențiale. CONSCIUS oferă o gamă de cursuri practice, menite să conducă participanții spre auto-înțelegere.
Website: www.conscius.org.br
Facebook: Conscius
E-mail: conscius@conscius.org.br

CONSECUTIVUS | Asociația Internațională pentru Cercetare Holobiografică și Seriexologică
CONSECUTIVUS este o organizație specializată pe studiul seriilor de vieți succesive. Conduce cercetarea și oferă o gamă largă de activități educaționale practice, care au ca scop nu numai ajutorul dat participanților în reamintirea viețililor trecute, dar și susținerea lor în abordarea acestor aspecte în mod rațional, astfel încât ei să se poată poziționa firesc față de trecutul lor și să își înțeleagă mai bine prezentul. Acest proces poate ajuta o persoană să înțeleagă posibilele cauze și legăturile cu anumite aspecte ale caracterului ei, ceea ce i-ar permite „să se simtă mai bine cu sine însăși" și să ajungă la starea de auto-reconciliere.
Website: www.consecutivus.org
Facebook: Consecutivus
E-mail: consecutivus@consecutivus.com.br

COSMOETHOS | Asociația Internațională pentru Cosmoeticologie
Este o organizație dedicată cercetării și înțelegerii profunde a cosmoeticii sau a moralei cosmice și a interpretării și aplicării practice a acestor principii în viața de fiecare zi. Mai mult, Cosmoethos organizează și prezintă numeroase cursuri și prelegeri, susținute amplu de echipa sa.
Website: www.cosmoethos.org.br
Facebook: Cosmoethos
E-mail: contato@cosmoethos.org.br

ECTOLAB | Asociația Internațională a Cercetărilor de Laborator în domeniile Ectoplasmei și Parachirurgiei
Asociația Internațională a Cercetărilor de Laborator în domeniile Ectoplasmei și Parachirurgiei are ca scop specific dezvoltarea gândirii independente cu privire la parachirurgie și ectoplasmă, punând un accent deosebit pe legăturile acestora cu sănătatea. Acceptă cereri venite pe site-ul său din partea publicului, privind parachirurgia, totul în mod gratuit. Parachirurgiile au loc săptămânal în timpul activității cunoscute sub numele de Dinamică, în timpul căreia energia donată de o echipă fizică este folosită de către o echipă non-fizică, în scopul asistenței unor destinatari fizici sau non-fizici.
Website: www.ectolab.org
Facebook: Ectolab
E-mail: ectolab@ectolab.org

EDITARES | Asociația Internațională Editares
Scopul principal al EDITARES este să îi clarifice pe indivizii interesați cu privire la realitatea multidimensională a vieții. Acest lucru se realizează prin publicarea de cărți și alte lucrări cu

conținut conștientologic. Autorii acestor lucrări sunt, în general, cercetători independenți care doresc să răspândească descoperirile și/sau experiențele lor.
Website: www.editares.org
Facebook: Editares Editora/Editares Europa
E-mail: contato@editares.org.bt

ENCYCLOSSAPIENS | Asociația Internațională pentru Enciclopedologie Conștientologică
ENCYCLOSSAPIENS este responsabilă cu Enciclopedia de Conștientologie, care, până în prezent, conține 15 volume. Susține persoanele care doresc să scrie și să publice articole. Mai mult de 500 de cercetători au contribuit până acum la această enciclopedie care poate fi accesată prin intermediul site-ului web sau al software-ului personalizat. În limba engleză sunt disponibile 26 de dezbateri.
Website: www.encyclossapiens.com
Facebook: ENCYCLOSSAPIENS
E-mail: contato@encyclossapiens.org

EVOLUCIN | Asociația Internațională pentru Conștientologie în Copilărie
EVOLUCIN este o instituție al cărei scop este să transforme conștientologia într-o știință accesibilă tinerilor, în context școlar, familial, social și educațional. Abilitățile parapsihice nu sunt neobișnuite în rândurile copiilor. Părinții, care doresc să își ajute copiii să își înțeleagă fenomenele pe care le experimentează, dintr-o perspectivă rațională și non-mistică, și să își dezvolte capacitățile, sunt foarte bine veniți. EVOLUCIN este foarte activă în Brazilia și oferă o multitudine de cursuri.
Website: www.evolucin.org
Facebook: Evolucin Conscienciologia Na Infância
E-mail: evolucincos@gmail.com

IC TENEPES | Asociația Internațională pentru Practica Penta (Tenepes)
Este o organizație non-profit care cercetează Sarcina Energetică Personală (Tenepes, port.; Penta, engl.), în mod teoretic și practic. Prin urmare, organizează cursuri și activități educaționale și publicații tehnico-științifice care au ca scop îmbunătățirea practicii penta, această tehnică putând contribui la evoluția conștiențială a Umanității și a Paraumanității.
Website: http://www.ictenepes.org
Facebook: IC TENEPES

IIPC | Institutul Internațional de Proiectologie și Conștientologie
Institutul Internațional de Conștientologie și Proiectologie (IIPC) este cea mai veche și mai mare instituție conștientocentrică, este un institut independent, educațional și de cercetare științifică, foarte activ în întreaga Brazilie și remarcat pentru excelența de care dau dovadă cursurile și publicațiile sale științifice pe teme de proiectologie și conștientologie. Oferă o gamă largă de cursuri de bază și avansate, workshop-uri și imersiuni pentru toate persoanele interesate, acordând atenție atât conceptelor teoretice, cât și aplicării lor practice.
Website: www.iipc.org.br
Facebook: IIPC SEDE | Foz do Iguaçu
E-mail: iipc@iipc.org

INTERCAMPI | Asociația Internațională a Zonelor de Cercetare Conștientologică.
INTERCAMPI este dedicat cercetării continue a conștientologiei. Scopul ei este să construiască un campus în nord-estul Braziliei, acolo unde asociația își are baza. Ea urmărește să

construiască o infrastructură unică care să aducă în prim plan aspectele multidimensionale ale realității noastre, facilitând cercetarea, auto-cunoașterea și auto-dezvoltarea. INTERCAMPI găzduiește conferințe, cursuri, dezbateri, activități libere și congrese și se implică într-o diversitate de proiecte culturale.
    Website: www.intercampi.org
    Facebook: Intercampi Instituição Conscienciocêntrica
    E-mail: contato@intercampi.org

INTERPARES | Asociația Internațională pentru Susținerea Interasistențială
Asociația intenționează să facă astfel încât conștientologia să fie accesibilă tuturor celor cu resurse financiare limitate, care sunt sincer interesați de studierea ei. Fiecărui caz îi va fi acordată o atenție individuală și se intenționează formarea și acordarea de burse care să ușureze această asistență.
    Website: www.interpares.org.br

JURISCONS | Asociația Parajuridică Internațională
Juriscons caută să stimuleze experimentarea megadiscernământului multidimensional. Studiile parajuridice includ arii de cercetare foarte vaste, cum ar fi, printre altele, Statul Mondial, cosmoetica și comunicarea non-violentă. Juriscons funcționează la Foz do Iguacu, Sao Paulo și în străinătate.
    Website: www.juriscons.org
    Facebook: @ci.paradireitologia
    Email: juriscons@juriscons.org

OIC | Organizația Internațională de Conștientoterapie.
OIC aplică principiile conștientologiei la sănătate. Considerând sănătatea din perspectivă multidimensională și multiexistențială, OIC servește la reeducarea și redefinirea concepției globale curente despre sănătate. Echipa de psihiatri, psihologi și medici, de înaltă calificare, pe lângă faptul că se implică în cercetare, asigură și consilierea oamenilor care au nevoie, analizând și considerând problemele lor din perspectiva paradigmei conștiențiale.
    Website: www.oic.org.br
    Facebook: OIC – Organização Internacional de Consciencioterapia
    E-mail: aco@oic.org.br

ORTOCOGNITIVUS
Asociația Internațională pentru Implantarea Cognopolisului în SC are ca obiectiv planificarea, realizarea și consolidarea inițiativelor care facilitează introducerea și susținerea comunităților de tip Cognopolis în Florianopolis, Santa Catarina, Brazilia, cu scopul aglutinării intermisiviștilor și al profilaxiei deviaționismului proexologic, în cadrul maximecanismului interasistențial, în favoarea reurbanizării extrafizice planetare.
    Website: www.orthocognitivus.org
    Facebook: cfb.com/Orthocognitivu
    E-mail: contato@orthocognitivus.org

REAPRENDENTIA | Asociația Internațională pentru Parapedagogie și Reeducare Conștiențială.
REAPRENDENTIA este specializată pe educația conștientologică. Ea dezvoltă și conduce cursuri care permit persoanelor interesate să devină profesori de conștientologie. REAPRENDENTIA conduce de asemenea cercetările legate de conștientologie și parapedagogie. Este cunoscută pentru cursul PAE – Program pentru Accelerarea Erudiției – care are ca scop

dezvoltarea erudiției personale (cunoaștere obținută prin studiu, cercetare și învățare). Pe lângă activitățile pe care le găzduiește în Brazilia, organizația are un sediu și în Fort Lauderdale, SUA.
Website: www.reaprendentia.org.br
Facebook: Reaprendentia Foz Do Iguaçu
E-mail: contato@reaprendentia.org

UNICIN | Uniunea Internațională a Instituțiilor Conștientocentrice.
Fondată în 2005, UNICIN supraveghează din punct de vedere administrativ CCCI. Asigură susținere, ghidaj și orientare pentru noile organizații, este în legătură cu organizațiile individuale și mediază la nivel supra-instituțional.
Website: www.unicin.org
E-mail: protocolo@unicin.org

UNIESCON | Uniunea Internațională a Scriitorilor de Conștientologie
UNIESCON este o instituție conștientocentrică menită să îi reunească pe autorii de cărți conștientologice. Ea facilitează schimbul dintre scriitori și promovează răspândirea adevărurilor relative de vârf (cunoscute în conștientologie ca verpon) și a lucrărilor fundamentale. Organizează workshop-uri în domeniul literar și oferă mentorat și multe alte ajutoare pentru scriitori.
Website: www.uniescon.org
Facebook: Uniescon – União Internacional de Escritores da Conscienciologia
E-mail: uniescon.ccci@gmail.com

Pentru informații generale despre conștientologie, Cognopolis, științele post-materialiste, link-uri către surse gratuite și pentru a vă declara interesul privind astfel de activități, vizitați:: www.isicons.org

Pentru informații referitoare la proiectele asistențiale, la oportunitățile și inițiativele privind Africa și întreaga lume, vizitați: http://www.interconsglobal.org

TITLURI PUBLICATE DE EDITARES

Autori	Titluri (în Română)
Waldo Vieira	MANUAL DE PENTA

Autori	Titluri (în Engleză)
Alessandra Nascimento and Felix Wong (Orgs.)	CONSCIENTIOLOGY IS NEWS: PROJECTIOLOGY
Cesar Machado	ANTIVICTIMIZATION
Débora Klippel	THE LITTLE RESEARCHER - MULTIDIMENSIONALITY
Eduardo Martins	CONSCIENTIAL HYGIENE
Eliana Manfroi	CONSCIENTIAL ANTIWASTAGE
Eliane Wojslaw, Jaclyn Cowen, Jeffrey Lloyd, Liliana Alexandre	THE ENGLISH-PORTUGUESE GLOSSARY OF ESSENTIAL CONSCIENTIOLOGY TERMS
Flávio Monteiro and Pedro Marcelino	CONS: UNDERSTANDING OUR EVOLUTION
Jaime Pereira	BARBARAH VISITS A STAR
Lilian Zolet	PARAPSYCHISM IN CHILDHOOD: QUESTIONS AND ANSWERS
Mabel Teles	ZEPHYRUS – THE INTERMISSIVE PARAIDENTITY OF WALDO VIEIRA
Marcelo da Luz	WHERE DOES RELIGION END?
Tathiana Mota	INTERMISSIVE COURSE
Waldo Vieira	700 CONSCIENTIOLOGY EXPERIMENTS
	CONSCIENTIOGRAM
	OUR EVOLUTION
	PENTA MANUAL
	PROEXIS MANUAL
	PROJECTIOLOGY: A PANORAMA OF EXPERIENCES OF THE CONSCIOUSNESS OUTSIDE THE HUMAN BODY
	PROJECTIONS OF THE CONSCIOUSNESS

Autori	Titluri (în Spaniolă)
Alessandra Nascimento e Felix Wong (Orgs.)	*CONCIENCIOLOGÍA ES NOTICIA: UNA DÉCADA DE ENTREVISTAS EN LA SUPER RADIO TUPI, TEMA - PROYECCIOLOGÍA*
Glória Thiago	*VIVIENDO EN MÚLTIPLES DIMENSIONES*
Málu Balona	*SÍNDROME DEL EXTRANJERO*
Maximiliano Haymann	*SÍNDROME DEL OSTRACISMO*
Miguel Cirera	*EVOLUCIÓN DE LA INTELIGENCIA PARAPSÍQUICA*
Rosemary Salles	*CONCIENCIA EN REVOLUCIÓN*
Waldo Vieira	*CONCIENCIOGRAMA*
	NUESTRA EVOLUCIÓN
	MANUAL DE LA TENEPER

Autori	Titluri (în Spaniolă)
Waldo Vieira	*MANUAL DE LA PROEXIS*
	PROYECCIONES DE LA CONCIENCIA

Autori	Titluri (în Germană)
Jayme Pereira	BARBARAH FLIEGT ZUM STERN

Autori	Titluri (în Portugheză)
Adriana Kauati	SÍNDROME DO IMPOSTOR
Adriana Lopes	SENSOS EVOLUTIVOS E CONTRASSENSOS REGRESSIVOS
Alessandra Nascimento e Felix Wong (Org.)	CONSCIENCIOLOGIA É NOTÍCIA: PROJECIOLOGIA
Alexandre Nonato	JK E OS BASTIDORES DA CONSTRUÇÃO DE BRASÍLIA
Alexandre Nonato *et al.*	ACOPLAMENTO ENERGÉTICO
	INVERSÃO EXISTENCIAL
Alexandre Zaslavsky (Editor da Verista)	INTERPARADIGMAS 1 – Princípio da Descrença
	INTERPARADIGMAS 2 – Parapercepciologia
	INTERPARADIGMAS 3 – Pesquisa da Autoconsciência
	INTERPARADIGMAS 4 – Diálogos Interparadigmáticos
	INTERPARADIGMAS 5 – Precursores Interparadigmáticos
	INTERPARADIGMAS 6 – O Paradigma Consciencial e Outros Paradigmas de Pesquisa da Consciência
	INTERPARADIGMAS 7 – Transição Autoparadigmática
Aline Niemeyer	MEGAPENSENES TRIVOCABULARES DA INTERASSISTENCIALIDADE
Aline Niemeyer e Lilian Zolet	TÉCNICAS BIOENERGÉTICAS PARA CRIANÇAS
Almir Justi, Amin Lascani e Dayane Rossa	COMPETÊNCIAS PARAPSÍQUICAS
Alzemiro Rufino de Matos	VIDA: OPORTUNIDADE DE APRENDER
Alzira Gezing	INTENÇÃO
Ana Luiza Rezende *et. al.*	MANUAL DO ECP2
Ana Seno	COMUNICAÇÃO EVOLUTIVA
Ana Seno e Eliane Stédile (Orgs.)	*SERENARIUM*
Anália Rosário Lopes, Myriam Sanchez e Rita Sawaya	DICIONÁRIO DE TECAS DA HOLOTECOLOGIA
Antonio Fontenele	DECISÕES EVOLUTIVAS
Antonio Pitaguari e Marina Thomaz	REDAÇÃO E ESTILÍSTICA CONSCIENCIOLÓGICA
Arlindo Alcadipani	ITINERÁRIO EVOLUTIVO DE UM RECICLANTE
Bárbara Ceotto	DIÁRIO DE AUTOCURA
Beatriz Tenius e Tatiana Lopes	AUTOPESQUISA CONSCIENCIOLÓGICA
Caio Polizel (Org.)	DIRETRIZES DA AUTOGESTÃO EXISTENCIAL

Autori	Titluri (în Portugheză)
Cesar Cordioli	CALEPINO CONSCIENCIOLÓGICO – COLETÂNEA DE APONTAMENTOS PRÓ-EVOLUTIVOS
	CONSCIENCIOLOGIA: BREVE INTRODUÇÃO À CIÊNCIA DA CONSCIÊNCIA
Cesar Machado	ANTIVITIMIZAÇÃO
	PROATIVIDADE EVOLUTIVA
Cesar Machado e Stéfani Sabetzki	HUMANIZAÇÃO PARAPSÍQUICA NA UTI
Cirleine Couto	CONTRAPONTOS DO PARAPSIQUISMO
	INTELIGÊNCIA EVOLUTIVA COTIDIANA
Christovão Peres	VOLICIOTERAPIA: VONTADE APLICADA À CONSCIENCIOTERAPIA
Clara Emile Vieira	ESCOLHAS EVOLUTIVAS
Dalva Morem	SEMPRE É TEMPO
Dayane Rossa	MEGATRAFOR: ESTUDO DO MAIOR TALENTO CONSCIENCIAL SOB A ÓTICA DA MULTIEXISTENCIALIDADE
	OPORTUNIDADE DE VIVER
Débora Klippel	O PEQUENO PESQUISADOR: MULTIDIMENSIONALIDADE
Denise Paro e Nara Oliveira (Editoras)	REVISTA HOLOTECOLOGIA N. 3 – COLEÇÕES AMPLIAM MUNDIVISÕES
Dulce Daou	AUTOCONSCIÊNCIA E MULTIDIMENSIONALIDADE VONTADE: CONSCIÊNCIA INTEIRA
Eduardo Martins	HIGIENE CONSCIENCIAL
Eliana Manfroi	ANTIDESPERDÍCIO CONSCIENCIAL
Eliane Wojslaw et al.	GLOSSÁRIO INGLÊS-PORTUGUÊS DE TERMOS ESSENCIAIS DA CONSCIENCIOLOGIA
Ernani Brito, Rosemary Salles e Sandra Tornieri (Orgs.)	LIVRO DOS CREDORES GRUPOCÁRMICOS
Eucárdio de Rosso (Org.)	COSMOETICOLOGIA
Everaldo Bergonzini e Lilian Zolet	CONVIVIALIDADE SADIA
Fernando R. Sivelli e Marineide C. Gregório	AUTOEXPERIMENTOGRAFIA PROJECIOLÓGICA
Flavia Rogick	CONSCIÊNCIA CENTRADA NA ASSISTÊNCIA MUDAR OU MUDAR
Flávio Amado (Org.)	TEÁTICAS DA TENEPES
Flávio Buononato	ANUÁRIO DA CONSCIENCIOLOGIA 2012
	ANUÁRIO DA CONSCIENCIOLOGIA 2013
	ANUÁRIO DA CONSCIENCIOLOGIA 2014
	FATOS E PARAFATOS DA COGNÓPOLIS FOZ DO IGUAÇU
Flávio Monteiro e Pedro Marcelino	CONS: COMPREENDENDO NOSSA EVOLUÇÃO

Autori	Titluri (ín Portughezā)
Giuliana Costa	AUTOBIOGRAFIA DE UMA PERSONALIDADE CONSECUTIVA
Graça Razera	HIPERATIVIDADE EFICAZ
Guilherme Kunz	MANUAL DO MATERPENSENE
Isabel Manfroi	O EMPREENDEDORISMO REURBANIZADOR DE HÉRCULES GALLÓ E WALDO VIEIRA
Jacqueline Nahas e Pedro Fernandes (Orgs.)	*HOMO LEXICOGRAPHUS*
Jayme Pereira	BÁRBARAH VAI À ESTRELA
	PRINCÍPIOS DO ESTADO MUNDIAL COSMOÉTICO
João Aurélio e Katia Arakaki	COGNÓPOLIS FOZ: UM LUGAR PARA SE VIVER
João Paulo Costa e Dayane Rossa	MANUAL DA CONSCIN-COBAIA
João Ricardo Schneider	HISTÓRIA DO PARAPSIQUISMO
Jovilde Montagna	VIVÊNCIAS PARAPSÍQUICAS DE UMA PEDIATRA
Julieta Mendonça	MANUAL DO TEXTO DISSERTATIVO
Julio Almeida	QUALIFICAÇÃO ASSISTENCIAL
	QUALIFICAÇÃO AUTORAL
	QUALIFICAÇÕES DA CONSCIÊNCIA
Kátia Arakaki	ANTIBAGULHISMO ENERGÉTICO
	OTIMIZAÇÕES PRÉ-TENEPES
	VIAGENS INTERNACIONAIS
Kátia Arakaki (Org.)	AUTOFIEX
Lane Galdino	MANUAL DE ASSESSORIA JURÍDICA EM INSTITUIÇÕES CONSCIENCIOCÊNTRICAS (ICs)
Laura Sánchez	LASTANOSA: MEMÓRIA E HISTÓRIA DO INTELECTUAL E HOLOTECÁRIO DO SÉCULO XVII
Lilian Zolet	PARAPSIQUISMO NA INFÂNCIA
Lilian Zolet e Flavio Buononato	MANUAL DO *ACOPLAMENTARIUM*
Lilian Zolet e Guilherme Kunz (Orgs.)	*ACOPLAMENTARIUM:* PRIMEIRA DÉCADA
Lourdes Pinheiro e Felipe Araújo	DICIONÁRIO DE VERBOS CONJUGADOS DA LÍNGUA PORTUGUESA
Luciana Lavôr (Org.)	I NOITE DE GALA MNEMÔNICA – HISTÓRIA ILUSTRADA
Luciano Vicenzi	CORAGEM PARA EVOLUIR
Lucy Lufti	VOLTEI PARA CONTAR
Luiz Bonassi	PARADOXOS
Mabel Teles	PROFILAXIA DAS MANIPULAÇÕES CONSCIENCIAIS
	ZÉFIRO – A PARAIDENTIDADE INTERMISSIVA DE WALDO VIEIRA

AUTORI	TITLURI (ÎN PORTUGHEZĂ)
Málu Balona	AUTOCURA ATRAVÉS DA RECONCILIAÇÃO
	SÍNDROME DO ESTRANGEIRO
Marcelo da Luz	ONDE A RELIGIÃO TERMINA ?
Maria Helena Lagrota	MINHAS QUATRO ESTAÇÕES
Maria Thereza Lacerda	A PEDRA DO CAMINHO
Marilza de Andrade	PROJEÇÕES ASSISTENCIAIS
Marina Thomaz e Antonio Pitaguari (Orgs.)	TENEPES: ASSISTÊNCIA INTERDIMENSIONAL LÚCIDA
Marlene Koller	DA CONSCIÊNCIA REBELDE À HOLOCONVIVIALIDADE PACÍFICA
Marta Ramiro	MANUAL DA TÉCNICA DA RECÉXIS
Maximiliano Haymann	PRESCRIÇÕES PARA O AUTODESASSÉDIO
	SÍNDROME DO OSTRACISMO
Miriam Kunz	ANTROPOZOOCONVIVIOLOGIA
Moacir Gonçalves e Rosemary Salles	DINÂMICAS PARAPSÍQUICAS
Neida Cardozo	SÍNDROME DA DISPERSÃO CONSCIENCIAL
Osmar Ramos Filho	CRISTO ESPERA POR TI (Edição comentada)
Oswaldo Vernet	DESCRENCIOGRAMA
Paulo Mello	EVOLUTIVIDADE PLANEJADA
Pedro Fernandes	SERIEXOLOGIA: EVOLUÇÃO MULTIEXISTENCIAL LÚCIDA
Phelipe Mansur	EMPREENDEDORISMO EVOLUTIVO
Reinalda Fritzen	CAMINHOS DA AUTOSSUPERAÇÃO
Ricardo Rezende	LUCIDEZ CONSCIENCIAL
	VOLUNTARIADO CONSCIENCIOLÓGICO INTERASSISTENCIAL
Roberto Leimig	VIDAS DE NATURALISTA
Rodrigo Medeiros	CLARIVIDÊNCIA
Rosa Nader	AUTODESREPRESSÃO: REFLEXÕES CONSCIENCIOLÓGICAS
Rosa Nader (Org.)	MANUAL DE VERBETOGRAFIA
Roseli Oliveira	DICIONÁRIO DE EUFEMISMOS DA LÍNGUA PORTUGUESA
Rosemary Salles	CONSCIÊNCIA EM REVOLUÇÃO
Sandra Tornieri	MAPEAMENTO DA SINALÉTICA ENERGÉTICA PARAPSÍQUICA
Selma Prata	O CÉREBRO ENVELHECE E O PARACÉREBRO ENRIQUECE
Silda Dries	TEORIA E PRÁTICA DA EXPERIÊNCIA FORA DO CORPO
Sissi Prado Lopes (Org.)	CONSCIENTIOTHERAPIA
Tathiana Mota	CURSO INTERMISSIVO
Tatiana Lopes	DESENVOLVIMENTO DA PROJETABILIDADE LÚCIDA
Tony Musskopf	AUTENTICIDADE CONSCIENCIAL
Vera Hoffmann	SEM MEDO DA MORTE

Autori	Titluri (în Portugheză)
Vera Tanuri	PERDÃO: OPÇÃO COSMOÉTICA DE SEGUIR EM FRENTE
Victor Strate Bolfe	ESTADO VIBRACIONAL: VIVÊNCIA E AUTOQUALIFICAÇÃO
Wagner Alegretti	RETROCOGNIÇÕES: PESQUISA DA MEMÓRIA DE VIVÊNCIAS PASSADAS
Wagner Strachicini	CONSCIÊNCIA ANTIDOGMÁTICA
Waldo Vieira	100 TESTES DA CONSCIENCIOMETRIA
	200 TEÁTICAS DA CONSCIENCIOLOGIA
	500 VERBETÓGRAFOS
	DA ENCICLOPÉDIA DA CONSCIENCIOLOGIA
	700 EXPERIMENTOS DA CONSCIENCIOLOGIA
	A NATUREZA ENSINA
	CONSCIENCIOGRAMA
	DICIONÁRIO DE ARGUMENTOS DA CONSCIENCIOLOGIA
	DICIONÁRIO DE NEOLOGISMOS DA CONSCIENCIOLOGIA
	HOMO SAPIENS PACIFICUS
	HOMO SAPIENS REURBANISATUS
	LÉXICO DE ORTOPENSATAS
	MANUAL DA DUPLA EVOLUTIVA
	MANUAL DA PROÉXIS
	MANUAL DA TENEPES
	MANUAL DE REDAÇÃO DA CONSCIENCIOLOGIA
	MANUAL DOS MEGAPENSENES TRIVOCABULARES
	MÁXIMAS DA CONSCIENCIOLOGIA
	MINIDEFINIÇÕES DA CONSCIENCIOLOGIA
	NOSSA EVOLUÇÃO
	O QUE É A CONSCIENCIOLOGIA
	PROJECIOLOGIA: PANORAMA DAS EXPERIÊNCIAS DA CONSCIÊNCIA FORA DO CORPO HUMANO
	PROJEÇÕES DA CONSCIÊNCIA
	TEMAS DA CONSCIENCIOLOGIA
Waldo Vieira et al.	ENCICLOPÉDIA DA CONSCIENCIOLOGIA

Site-ul editurii: **www.editares.org.br**

DESPRE AUTOR

Waldo Vieira s-a născut pe 12 aprilie 1932, în Monte Carmelo, Minas Gerais, Brazilia.

S-a desomat pe 2 iulie 2015, la Foz do Iguaçu, Paraná, unde a locuit începând cu anul 2000.

Licențiat în Medicină și Stomatologie, el a propus științele *Proiectologiei* și *Conștientologiei*, sistematizate în tratatele *Proiectologia: O Panoramă a experiențelor conștiinței în afara corpului uman* (1986) și *700 Experimente de Conștientologie* (1994).

El a creat Cognopolisul (Orașul Cunoașterii), în Foz do Iguaçu, unde a susținut zilnic *Tertulia de Conștientologie* (cursuri lungi), din 2002 până în 2014, și *Minitertulia de Conștientologie*, din 2013 până în 2015, în *Tertuliariumul* Centrului pentru Înalte Studii de Conștientologie (CEAEC).

A conceput și structurat Holoteca CEAEC-ului, donând din propria bibliotecă lucrări pe teme privind experiențele conștiinței în afara corpului, și Holociclul, mediu specializat în Lexicografie, unde a coordonat echipele de cercetători care dezvoltă *Enciclopedia de Conștientologie*, fiind creator, organizator și autor al 2019 verbete.

A fost menționat în publicația engleză *Who's Who in the 21st Century*, editată de IBC – International Biographical Centre. Este autor al 25 de cărți pe teme de Conștientologie, inclusiv tratate și enciclopedii.

1. DOMENIUL DE CERCETARE

ACEASTĂ CARTE CERCETEAZĂ TEMELE PROEXOLOGIEI, CARE ESTE O SPECIALITATE A CONŞTIENTOLOGIEI.

2. PRINCIPIUL NEÎNCREDERII

NU CREDEŢI ÎN NIMIC, NICI MĂCAR ÎN INFORMAŢIILE PREZENATE ÎN ACEASTĂ CARTE; CEL MAI INTELIGENT ESTE SĂ FACEŢI PROPRIILE VOASTRE CERCETĂRI REFERITOARE LA ACESTE TEME.

www.ingramcontent.com/pod-product-compliance
Lightning Source LLC
LaVergne TN
LVHW050054171224
799284LV00037B/907